既染部をコントロールする

瀧本流 アンチエイジングカラー

瀧本明貴子 [ZA/ZA]

CONTENTS

- 005 　はじめに
- 006 　45〜55歳の印象を若々しく変える「瀧本流 アンチエイジングカラー」とは?

- 010 　**PART.1**
  ## 既染部を明るく「育てる」

- 012 　GUIDANCE
  　　　〈既染部を明るく育てる〉のしくみ
- 014 　既染部を育てるためのリタッチテク
- 018 　**タイプの違うモデルの3か月プログラム**
  - MODEL CASE A … 細いがリフトしにくく、色素を吸い込みやすい髪質
  - MODEL CASE B … 低明度のグレイ剤の蓄積で、5レベル以下の黒髪
  - MODEL CASE C … グレイ剤の蓄積で、顔周りに重さを感じるロング
  - MODEL CASE D … 硬毛でクセ毛、リフトしにくくパサつきやすい髪質
  - MODEL CASE E … 太くて硬く、撥水毛でリフトしづらい髪質

- 058 　アンチエイジングカラーデザイン11

- 070 　**PART.2**
  ## 育てた既染部を「キープする」

- 072 　GUIDANCE
  　　　〈育てた既染部をキープする〉のしくみ
- 074 　既染部をキープするための塗布テクニック
- 078 　グレイヘアのホイルテクニック
- 080 　**タイプの違うモデルの2デザイン例**
  - MODEL CASE F … 硬毛でリフトしづらく、透明感の出にくい髪質
  - MODEL CASE G … 硬毛でクセ毛、リフトしにくくパサつきやすい髪質
  - MODEL CASE H … 赤味が出てリフトしやすく、白髪の染まりにくい髪質
  - MODEL CASE I … 細いがリフトしにくく、色素を吸い込みやすい髪質
  - MODEL CASE J … リフトしやすいが、白髪が染まりにくい髪質
  - MODEL CASE K … 高明度にキープ中の、クセ毛で色の入りにくい髪質

- 116 　グレイカラーのお客様へのアプローチ
- 118 　白髪率スケール
- 120 　MESSAGE 「瀧本流 アンチエイジングカラー」が意味するもの
- 122 　奥付

はじめに

どうして明るいグレイカラーは難しいのだろう？

「白髪はしっかり隠したい。でも同時に、ファッションカラーのような明るさと透明感のあるヘアカラーにしてあげたい」「ファッションカラーをしていた頃のように、様々な色味、デザインバリエーションを提供したい」
　グレイ世代のお客さまを担当する美容師なら、誰もが願うことですよね。40〜50歳代の、美容にもファッションにもまだまだ積極的な世代のお客様なら、なおさらのことだと思います。
　でも現実は、白髪を隠そうとすればするほど、あまり明るいカラーにはできない。そしていつの間にか、全体がグレイカラー特有の暗くすんだ色味になっていく。お客様に「もっと明るくしたいわ」とリクエストされても「白髪が浮いてしまうんです」「傷んでしまいますよ」と言うしかなくなる。最後はお客様も「もう、昔のようなヘアカラーは無理なのね」とあきらめてしまう…。これも美容師がみな、共通で抱えているジレンマではないでしょうか？

ヘアカラーでアンチエイジングは可能です

　しかし私自身もグレイ世代になってみて、とても実感したのです。ヘアカラーの印象で若々しさもおしゃれ度も大きく変わる、ということを。
　今の時代、「黒髪」はもはや若さの象徴ではなく、ツヤと透明感のあるブラウン——色味でいうならベージュ系がもっとも若々しくおしゃれに見える髪色だと思います。実際、髪色を「白髪染め」然とした暗くすんだ黒髪から、透明感のあるベージュ系に変えると、くすみがカバーされて肌がきれいに見えるばかりか、いろいろな服やメイクが合わせやすくなります。それに伴い、提案できるヘアデザインの幅も広がっていきます。また全体が明るくなるにつれて、新生部の白髪も目立ちにくくなります。つまりヘアカラーには大きなアンチエイジング効果があるということなのです。

女性として、いつまでも輝くためのヘアカラーを！

　この、ヘアカラーによるアンチエイジング効果を、お客様にもぜひ実感していただきたい、そしてずっと若々しくおしゃれなヘアスタイルを楽しんでいただきたい。そのためのカラープログラムが「瀧本流 アンチエイジングカラー」です。これは、美容師として「こんなカラーを提供したい」と思うグレイカラーであると同時に、私自身が、ひとりの女性として「いくつになってもこんな髪色でありたい」「サロンでのカラーはこうあってほしい」と願うグレイカラーでもあります。
　あなたのサロンのアラフィー(45〜55歳)世代のお客様にぜひ「瀧本流 アンチエイジングカラー」を提案してみてください。髪と地肌の悩みが急激に増えてくる世代だからこそ、プロならではの提案と技術が必要です。彼女たちをますます素敵に、魅力的に輝かせる「おしゃれなグレイカラー」を、私たちの手で実現しましょう！

WHAT'S ANTI-AGING COLOR?

45〜55歳の印象を若々しく変える「瀧本流アンチエイジングカラー」とは？

グレイカラーのお客様が一番気にされること…それは「白髪がしっかり隠れているか、どうか」ですよね。
でもグレイカラーの繰り返しで、くすんで濁ってしまった黒は、いかにも「白髪染め」然としていて、けっして若々しくは見えません。
できればファッションカラー時代と同じような、ツヤと透明感がある髪色にしてあげたいですよね。
現代において、髪色の若さの象徴は「黒」ではなく、「透明感のあるベージュ系」ではないでしょうか？
そんな髪色をいくつになっても提供できたら、まさにヘアカラーによるアンチエイジングが可能といえるでしょう。
提案できるヘアデザインの幅もぐっと広がるはずです。

●白髪率によって、お客様のグレイカラーに求めるものが違ってきます

一口にグレイカラーといっても、白髪率によってお客様がカラーに求めるものは、だいぶ違ってきます。10％未満のファーストグレイの頃は1本でも気になり消してほしいと願うものですが、40％以上を超えると白髪を染めるだけでなく、なんとかデザイン的に共存できないか？　と考え始めます。しかしもっとも難しいのは、全体で15〜25％くらい（部分的に30％超）の「ファッションカラー剤だけでは対応できないので、グレイカラー剤に移行。でも中・高明度のグレイ剤だけでは暗く沈んでしまう白髪率」のお客様ではないでしょうか？

この白髪率が一番多いのが45歳〜55歳、いわゆるアラフィー世代でありバブル世代のお客様です。消費行動が活発、美容にも積極的なこの世代のお客様を満足させるために「ヘアカラーによるアンチエイジング」は、いま必要不可欠なメニューになっています。

▼白髪率とサロンカラーに望むものの変化

白髪率	10%未満 (部分的に15%超)	15〜25%未満 (部分的に30%超)	30〜35%未満 (部分的に40%超)	40%以上
望むもの	白髪が少ない分、目立つので、白髪をしっかり隠してほしい。	白髪部分はしっかり隠しつつ、髪の状態をきれいに見せたい。ファッションカラーのようにしてほしい。	全部隠しきれたらベストだが、うまく共存したい。暗いだけの白髪染めはNG!	しっかり隠してもらいたいというより、伸びてきた時に目立たないように、明るさを活かしてぼかしてほしい

▼世代に見る白髪率とヘアカラーの対応

Around 40　アラフォー世代（35〜45歳）
- 白髪率：10%未満（部分的には15%超）が多い。
- 対 応：ファッションカラーでの対応も可能。ヘアスタイルも20代のヘアカタログ利用で、ほとんどOK。

Around 50　アラフィー世代（45〜55歳）
- 白髪率：15〜25%（部分的には30%超）が多い。
- 対 応：グレイカラー剤を併用するテクが必要。でも繰り返すうちに残留色素で濁りが生じ、透明感のある明るさやカラーバリエーションが難しくなってくる。

→ 世代と白髪率で、技術と考え方を分けた対応ができなければ、**顧客満足度**は上がらない

●ターゲットは、白髪率15〜30%のアラフィー世代

アラフィー世代の要望に応えることが必要

白髪率15〜25%（部分的には30%超）
グレイカラーを併用するテクが必要。毛量が減少し、ハリ、コシがなくなってくるので、ダメージもしやすくなる。

> **バブル世代で、美容にもおしゃれにも積極的**
> 消費活動が活発で、30代とほとんど変わらないファッションやヘアスタイルを望んでいる。

> **ファッションカラーのように楽しめる、グレイカラーの提案が必要！**
> 白髪を隠すだけの、暗くくすんだグレイカラーでは、ホームカラーに流れてしまう。

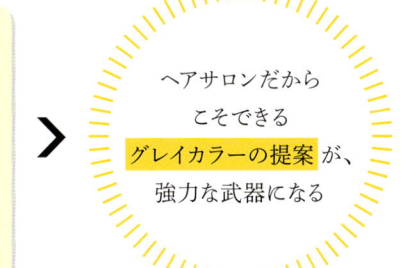

→ ヘアサロンだからこそできる**グレイカラーの提案**が、強力な武器になる

●「瀧本流 アンチエイジングカラー」は「育てる」と「キープする」で実現！

Start　グレイカラーを繰り返して、暗くすんだ色の髪・・・

1st Step　既染部を3〜6か月かけて、透明感のある明るさに育てるプログラミング

2st Step　育てた既染部をキープし、利用するデザイン提案

After　ずっとファッションカラーと同様の色味、明るさ、デザインバリエーションが楽しめ、その先のグレイヘアと無理なく共存できる

「瀧本流 アンチエイジングカラー」は、これまでのグレイカラーが「白髪をしっかり染めることが第一優先」の足し算発想だったのに対し、「既染部に余分な残留色素を残さずに、明るさを保つ」に着眼した引き算発想のグレイカラーです。

これまでは白髪をしっかり塗りつぶそうとするあまり、新生部や既染部にグレイカラー剤を使い続けて、ブラウンの色素を蓄積させ、明るいグレイカラー剤では対応できない髪の状態にしていました。

ここでは「毎回きれいに褪色」「褪色してもきれい」な状態になるようにプログラミングし、最終的には既染部を明るく透明感のある状態に育てて、既染部と新生部のコントラストを弱めます。これで新生部は中高明度のグレイカラー剤でも、白髪がしっかり隠れるようになります。あとはこの状態を常にキープし続けていくカラーメニューを組めば、あなたのお客様はこの先白髪が増え続けても、ファッションカラーと同様の若々しくおしゃれなヘアカラーを楽しむことができるのです。

WHAT'S ANTI-AGING COLOR?

瀧本流 アンチエイジングカラーは、「育てる」と「キープする」の2段階プログラム

Program.1　既染部を明るく　育てる

◉基本パターン（6か月コースの場合）

1回目　ワンメイク
- 新生部：グレイカラー剤の5～6レベルでリタッチ。
- 既染部：ファッションカラー剤で対応。
- 白髪をしっかり染めつつ、色味とツヤを向上させる。1か月後に既染部が1～2レベルリフトする薬剤設定。

2回目　根元リタッチのみ
- 新生部：グレイカラー剤の6レベルでリタッチ。
- 既染部：褪色を利用して、次回まで、さらに1レベル上がるように設定。

3回目　根元リタッチ＋ハイライト
- 新生部：グレイカラー剤の7レベルでリタッチ（1レベルアップ）。
- 既染部：ファッションカラーの14レベルで、表面を外して、全体に細かくウイービング・ハイライト。ナチュラルな明るさを作る。

4回目　ワンメイク
- 新生部：グレイ剤7～8レベルでリタッチOK。
- 既染部：透明感が出ているので、アルカリ・ファッションカラーでカラーチェンジが可能に。落ち着いた色味であっても、深みと透明感を出せる。

5回目　根元リタッチのみ
- 新生部：グレイ剤8～9レベルでリタッチOK！　既染部が明るくなったので、白髪が浮いたように見えない。高明度のグレイ剤でしっかり染められる。
- 既染部：褪色を利用してさらに明るく、透明感を出す。

\GOAL!/

6回目　様々なカラーが可能な状態！
- 新生部：グレイ剤8～9レベルでリタッチ。
- 既染部：ファッションカラーのような色相やデザインカラーを提案できる状態になっている。

「キープする」プログラムに移行

第1段階は、これまでの残留色素が蓄積して濁って暗くなっている既染部を、3～6か月かけて、徐々に明るく、透明感のある状態に育てていくプログラム。第2段階は、既染部のアンダーレベルが8～9レベルにまで育ったら、常にこの状態をキープしていくためのカラーメニューです。

Program.2　育てた既染部を キープする

◉デザイン例（1～1.5か月後には、「育ちあがった既染部」に戻る）

デザイン例・1
低アルカリ・ファッションカラー
- 既染部をこれ以上リフトさせずに、色素だけを足していく。

デザイン例・2
なじむハイライト
- 既染部の明るさを活かして、細かなウィービングで明るさを少しだけ足す。メラニンを壊さない程度のリフトにとどめるため、1～1.5か月でなじむ。

デザイン例・3
リセットするローライト
- ファッションカラー剤のローライトで、白浮きを抑える感覚のローライト。1～1.5か月後には色落ちしてワンメイクに戻る。

育ち上がった既染部
- 新生部：常に8～9レベルのグレイ剤でリタッチ。
- 既染部：くすまず濁らず、8～10レベルの低アルカリ剤やヘアマニキュア等で対応できる状態を、常にキープし続けるデザインメニューを組む

ずっとファッションカラーのように明るく、透明感のあるカラーを楽しむことができる

デザイン例・4
リセットするホイルワーク
- 薬剤設定で、メラニンを壊さないハイライト、色素が残らないローライトを計算し、1～1.5か月後にはリセットするデザインにする

デザイン例・5
休息カラー
- 1～1.5か月後には落ちるタイプのマニキュアを選択し、ツヤと手触りを回復させる回を作る

デザイン例・6
ゾーンで塗り分け
- アンダー、ミドル、トップで塗り分けて、色相差を楽しむ

PART.1

既染部を明るく「育てる」

Keyword = "Not addition but subtraction"

最初のステップは、過去のグレイカラー剤の色素による
くすみと濁りを取り除いていくプログラム。
3～6か月かけて残留色素を取り除きながら、
毎回0.5～1レベルずつ明度を上げて、明るいアンダーベースに育てていきます。
カラー当日はさほど明度が上がりませんが、褪色により
少しずつ明るくなっていくように薬剤設定をしているので、
お客さまにとっても無理のないプログラムになっています。
キーワードは「足し算ではなく、引き算で考えるヘアカラー」です。

タイプの違うモデルの3か月プログラム

- P18 … Model Case A 「細いがリフトしにくく、色素を吸い込みやすい髪質」
- P26 … Model Case B 「低明度のグレイ剤の蓄積で、5レベル以下の黒髪」
- P34 … Model Case C 「グレイ剤の蓄積で、顔周りに重さを感じるロングヘア」
- P42 … Model Case D 「硬毛でクセ毛、リフトしにくくパサつきやすい髪質」
- P50 … Model Case E 「太くて硬く、撥水毛でリフトしづらい髪質」

11

PROGRUM.1 - GUIDANCE

〈既染部を明るく育てる〉のしくみ

●基本プログラム（3〜6回）

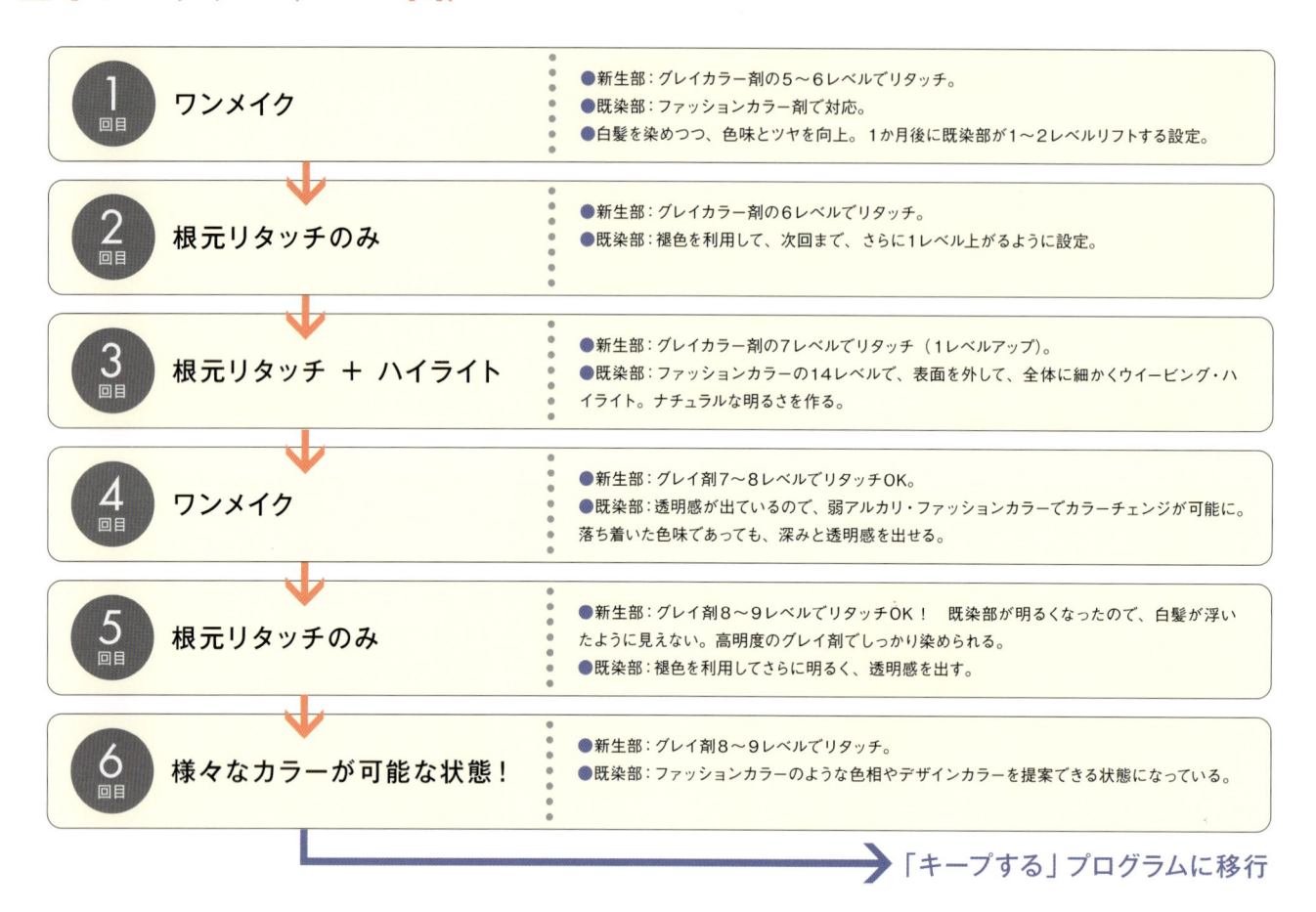

1回目　ワンメイク
- 新生部：グレイカラー剤の5〜6レベルでリタッチ。
- 既染部：ファッションカラー剤で対応。
- 白髪を染めつつ、色味とツヤを向上。1か月後に既染部が1〜2レベルリフトする設定。

2回目　根元リタッチのみ
- 新生部：グレイカラー剤の6レベルでリタッチ。
- 既染部：褪色を利用して、次回まで、さらに1レベル上がるように設定。

3回目　根元リタッチ ＋ ハイライト
- 新生部：グレイカラー剤の7レベルでリタッチ（1レベルアップ）。
- 既染部：ファッションカラーの14レベルで、表面を外して、全体に細かくウイービング・ハイライト。ナチュラルな明るさを作る。

4回目　ワンメイク
- 新生部：グレイ剤7〜8レベルでリタッチOK。
- 既染部：透明感が出ているので、弱アルカリ・ファッションカラーでカラーチェンジが可能に。落ち着いた色味であっても、深みと透明感を出せる。

5回目　根元リタッチのみ
- 新生部：グレイ剤8〜9レベルでリタッチOK！　既染部が明るくなったので、白髪が浮いたように見えない。高明度のグレイ剤でしっかり染められる。
- 既染部：褪色を利用してさらに明るく、透明感を出す。

6回目　様々なカラーが可能な状態！
- 新生部：グレイ剤8〜9レベルでリタッチ。
- 既染部：ファッションカラーのような色相やデザインカラーを提案できる状態になっている。

→「キープする」プログラムに移行

蓄積したグレイカラー剤の色素を徐々に取り去り、透明感を出すカラープログラミング

Before　1回目　2回目　3回目

「既染部をキープするデザイン」に移行

既染部
これまでのグレイカラー剤の色素が蓄積し、暗くにごった色味になっている。

既染部
ファッションカラー剤を使用し、褪色時に0.5〜1レベルずつリフトアップしていく薬剤を選択。

F7 ＞ F8 ＞ F9

新生部
徐々に、中〜高明度のグレイカラー剤で対応が可能になっていく。

G6 ＞ G7 ＞ G8

●テクニックと考え方のポイント

1　既染部を育てるために、既染部はファッションカラー剤で対応

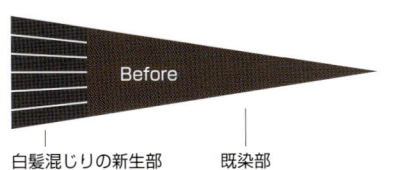

●全体にグレイカラー剤を使用し続けた場合　　**NG**

Before
- 白髪混じりの新生部：既染部とのコントラストがあって、白髪が目立つ
- 既染部：グレイカラー剤の色素が残っていて、くすんでいる

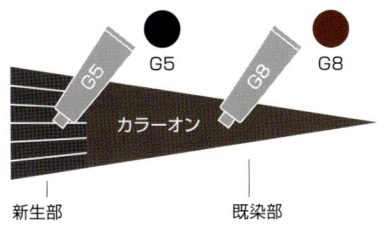

カラーオン（G5／G8）
- 新生部：根元リタッチはグレイカラー剤の5～6レベルを使わないと、既染部と合わない
- 既染部：明るくしたいのでグレイカラー剤の7～8レベルを使っているけれど…

After：中高明度のグレイ剤を使っても明るくならず、くすんだ色で「白髪染め」という印象

●既染部をファッションカラー剤で対応し続けた場合　　**OK**

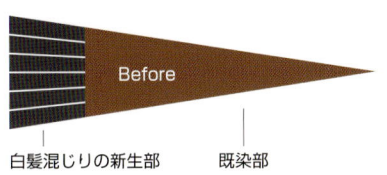

Before
- 白髪混じりの新生部：既染部とのコントラストが弱く、白髪が目立たない
- 既染部：アンダーレベルが8～9レベルで、色素が残っていない状態

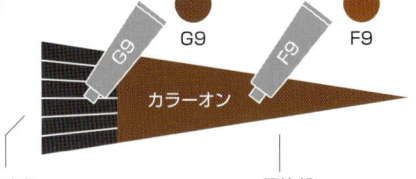

カラーオン（G9／F9）
- 新生部：既染部のアンダーレベルが高いので、根元リタッチはグレイカラー剤の9レベルにしても、白髪が目立たない
- 既染部：既染部に濁りやくすみが少ないので、ファッションカラー剤の8～10レベルの色味が楽しめる

After：白髪は目立たない／明るく透明感があり、ファッションカラーのような印象

2　インナーハイライトで、内側から透けて出る明るさを作る

よく使うテクのひとつが、見た目の印象を1レベル上げるために、内側にハイライトを入れて、グレイカラー剤の残留色素を削る方法。褪色した1か月後、さらに1レベル上がった印象になることを狙っている。デザインのためのハイライトではないので、メラニンを破壊しない程度の短時間で行うことが大切。

Before　After　全体の印象（After）

4　ゾーンカラーで暗くせずに、色相チェンジ

たとえば明るさを育てたいオーバーセクションを、アンダーセクションよりも明度の高い薬剤で塗り分けて、明度差がつくゾーンカラーを提案。デザインを楽しむと同時に、既染部を育てることにつながる。ロングには特に有効。

3　褪色を利用し、1レベルずつリフトアップさせる薬剤選択

「既染部を育てる」プログラムでは、褪色した1か月後、1レベルずつ無理なくリフトアップしていく薬剤選択を考える。3～5か月かけて、既染部のアンダーレベルを8～9レベルにまでリフトアップできれば、新生部は高明度のグレイカラー剤で対応できるようになる。

5　根元に「塗る」のではなく、「置く」だけのリタッチ

「既染部を育てる」ために重要なテクニック。グレイカラー剤を既染部にまでオーバーラップさせると、既染部からいつまでたっても残留色素が抜けていかない。ハケを立てて新生毛部分にのみ、きっちりと正確に「置く」。

NG　OK

6　白髪、残留色素に合わせて、パーツごとに塗布量を変える

リタッチの際、白髪の少ない場所にはグレイカラー剤を薄く、多い場所には多めに「置く」。白髪を見極めながらパーツごとに塗布量を調整。ブリーチ剤やファッションカラー剤も、残留色素が多い中間部には多めにするなど、パーツで塗布量を変える。

7　グレイ剤を重ね塗りして、色持ちを良くする。

全体の白髪量は15％程度なのに、生え際だけ30％など、ピンポイント的に白髪率が高い場合は、高明度のファッション剤で黒髪をリフトさせた後、そこにだけ3～5レベルのグレイ剤をのせる。一度高明度をのせているので低明度を乗せてもあまり沈まず、その部分の色持ちが良くなる。

PROGRUM.1 - GUIDANCE

既染部を育てるためのリタッチテク

「瀧本流 アンチエイジングカラー」では、正確な塗布テクニックがとても重要だと考えています。特に新生部のリタッチは、既染部を明るく育てる上でも、育った既染部をキープする上でも大切なテクニックとなりますので、ぜひ再確認をしてください。

ロングの場合

CHECK
白髪部分の新生毛を3センチと仮定。作業を正確にするために、まずは十字にブロッキング。

NG
パネルを引き上げずに、下がった状態のまま塗布すると、リタッチ幅が正確に保てず、塗布ムラの原因になる。

まずは基本となるテクニックをロングで見ていきます。

1 パートから新生毛部分に塗布していく。ハケ1/3にたっぷりと薬剤をのせ、ハケを45度にしならせながらパート際にピタリと当てる。

2 そのままハケを60度で滑らせ、既染部との境目ギリギリのところで90度に立てて、ピタリと止める。できるだけ既染部にオーバーラップさせないことが基本。

3 サイドはパネルをオンベースに引き上げて、毛流れの方向に逆らうようにハケを移動させながら塗布することが大切。

4 既染毛との境目ギリギリで90度に立てて止め、パネルから離す。こうすることで、新生部のみに薬剤をのせることができる。

5 バックは上下でセクションを2分割し、上半分は水平にパネルを引いて、薬剤を「置く」リタッチ。

6 下半分は、下から上に向けてハケを移動しないと、ネープに向かって塗り幅が広がってしまう。既染部にオーバーラップさせ過ぎると、ネープが暗くなる原因に。

7 まずは十字部分をリタッチ。これが塗布幅の基準になる。

8 次はお客様の最も気にしている白髪の多い部分を塗布。ここでは顔周り。1.5センチの薄めスライスで、裏面を塗布。テンションをかけてオンベースで塗布する。

9 フェイスラインはハケのカドを使い、キワにピタッと当てる。こうすることでお客様の額につけてしまうことを防ぐ。

10 ①〜②と同様、ハケを45度にしならせて、90度に立てて離す。

NG
パネルを倒さないこと。倒すと塗布幅が広がりやすくなってしまう。

14

NG ハケの角がフェイスラインからはみ出すと、お客様の顔に薬剤がつき、不快な思いをさせる。

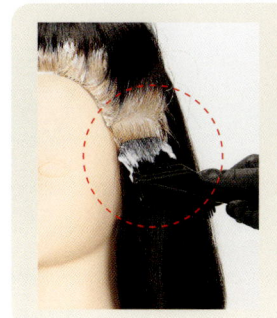

NG パネルを引き上げずにハケを0度で滑らせると、地肌に薬剤がついてしまう。不要な薬剤がついたり、リタッチ幅が広がってしまう。

11 ここはお客様が気にするポイントなので、ハケの角をフェイスラインにぴったりと合わせ、薬剤をしっかりのせる。

12 もみあげは薄く細かくスライスを取り、裏面を丁寧に塗布する。

13 もみあげはさらに薄く2つのパネルに分ける。気になるポイントなので、しっかり置くように薬剤をのせる。

14 毛流に逆らいながら、テンションをかけて正確に塗布していくと、下ろしたときに、パネルがこのようにふわっと重なり、薬剤が余分なところにつかない。

15 バックセクションも他の部分に薬剤がつかないように、上にしっかりパネルを引き上げながら「置く」リタッチをしていく。

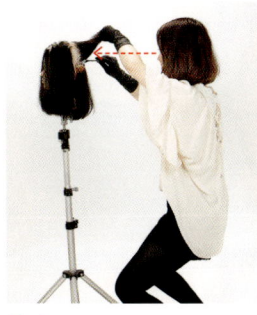

16 下側のセクションになるに従って、腰を落とし、目線をパネルの根元新生部に合わせることが大切。

17 バックは、サイド側からバックセンターに向けて塗布していくが、ハケの角度を頭の丸みに合わせてラウンドさせながら、右から左に移動していく。

18 サイドのスタート地点（十字部分）左右で、ほんの少しだけオーバーラップさせる。

19 バックセンターも、左右にほんの少しだけオーバーラップさせる。

20 もみあげやパート際、フェイスラインなど、白髪が目立ちやすくお客様が気にしている部分にだけ、再度薬剤を重ねる。お客様に安心感をもってもらう。

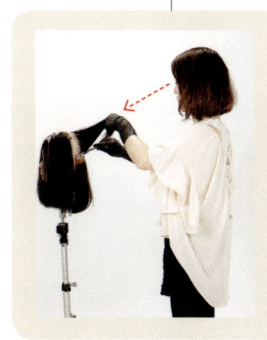

NG 視線を下げずにいると、下に行くに従って、塗布幅が広くなりやすい。そうなるとネープ既染部にグレイ剤が蓄積し、暗くなる原因に。

CHECK このように小刻みにラウンドさせていかないと、骨格のカーブの強い部分は、塗布幅が狂いやすい（センターになるに従って、塗布幅が広くなりやすい）。

PROGRUM.1 - GUIDANCE

ショートの場合

レングスが短い場合のリタッチは、ネープ部分がロングとは違う塗布テクになります。新生毛は3センチと仮定。

CHECK
ネープ部分を残し、十字に根元リタッチ。これをガイドに全体をリタッチ。十字との境目はオーバーラップさせていく。

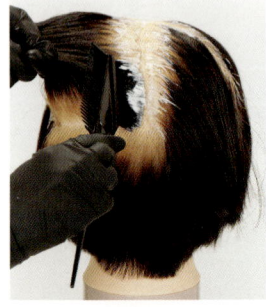

1 ネープを残して十字にブロッキング（ショートのネープは白髪が少なくグレイ剤で暗くなりやすいため）。バックのパートから、パネルを引き上げながら塗布。

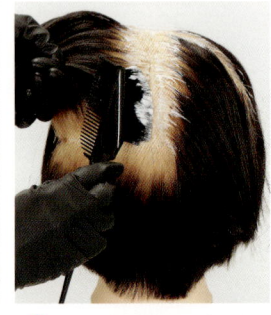

2 ロングと同様に、パネルを引き上げながら、ハケを45度にしならせて置き、90度に立てて止める「置く」リタッチをしていく。

3 ロングの場合と同様、新生毛部分のみに正確に薬剤を塗布する。

4 ネープは塗布ミスをしやすいので、0.5センチの薄いハの字スライスで。スタート地点の耳周りは、塗りこぼしやすいので、パネルを引き上げて裏面から塗布。

5 そのままハの字スライスを取り、パネルをしっかり引き上げながら、下から上に向かって塗布。白髪の少ない部分なので、ハケは60度にしならせて置き、

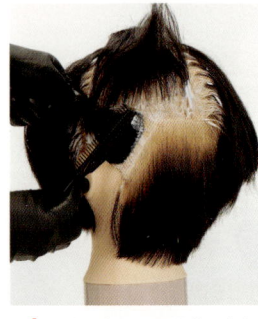

6 上に向かって60度で止めて、離す。薬剤が新生部からはみ出さないように、正確に止める。

7 みつえり部分は、ハケのカドを使って、薬剤をのせる感覚で。

8 逆サイドの新生毛部も同様に塗布していく。ハケを60度にしならせ、

9 下から上に向かって、60度で止めて、離す。

10 全体のリタッチが終了。正確に塗布するとパネルは立った状態になる。特にみつえりは肌につくと不快なので、必ず浮かしておくこと。

CHECK
左サイドの塗布終了。パネルをしっかり引き上げながら、正確に「置く」リタッチをしていくと、このようにパネルが浮いた状態で重なる。

CHECK
正確にリタッチすると、パネル全体がくっつかずにふんわりと重なる。

ハケの角度と塗布量コントロール

塗布量の「多い〜普通〜少ない」は、ハケにのせる薬剤の量と、頭皮に置くハケの角度でコントロールしていきます。

	置く	しならせる
45度		
60度		

最もよく使うハケの角度が、45度と60度。リタッチの時は、根元ギリギリにハケを当て、しならせながら新生部に薬剤をのせ、既染部との境目でハケを立てるようにして離す、が基本。薬剤量を多くしたければしたいほど、ハケを寝かせる。逆に薄くしたときはハケを立てる。パート際など、薬剤量が普通のときはハケの角度を45度に。普通〜やや多目のときはハケを60度にする。

● ハケの角度

90度

30度

0度

左記と同じ要領で、境目などを薄くぼかしたいときはハケを90度にまで立てる。逆にたっぷりとのせたい場合は、30〜0度と角度を下げていくようにする。

● 塗布量の目安

少ない　普通　多い

目安としては、ハケ1/3に薬剤をのせるのが「少なめ」。半分にのせるのが「普通」、2/3にのせるのが「多め」になります。

PART.1 既染毛を育てるプログラム

MODEL CASE **A**

細いがリフトしにくく、色素を吸い込みやすい髪質

BEFORE

STEP **1**

ウォームブラウン系 **7.5** level

Step 1 ●○○
残留色素に合わせたインナーハイライト

ウィービングによるインナーハイライトを入れて、1か月後に1レベル、自然にリフトアップすることを狙う。ただし薬剤量は、毛束の残留色素量に合わせてコントロールしていく。

cut: Takayuki Yamamoto　make-up: Mie Ihara

BEFORE

Step 2 ●●○
ゾーンの塗り分けで、濁らせずに色味をチェンジ

トップに変型星型セクションを取り、上下で塗り分けことで、重なりあう色味の違いが、より立体感を強調。白髪カバー効果も高い。

cut: Takayuki Yamamoto　make-up: Mie Ihara

BEFORE

STEP 3

アッシュ
ベージュ系
8.5
level

Step 3 ●●●
**フルハイライトで、
透け出る明るさを楽しむ**

中間部のくすみが取れて、透明感のあるワンメイク状態に近づいたので、内側にフルハイライトを入れて、中から透ける明るさを作る。隣にリセットするローライトも配置して、立体感を出す。

cut: Takayuki Yamamoto　make-up: Mie Ihara

STEP 2

クール
ブラウン系
8
level

▶ Next Plan

**次回は
根元リタッチのみか、
色調チェンジでキープ**

1か月後は既染部が1レベルリフトアップして、ハイライトとローライトのコントラストが弱くなり、自然なグラデーションがついた9レベルのブラウン系の印象になっていると予測。次回は根元リタッチのみか、明度キープで色調だけを変える提案をしたい。

[MODEL A−1 STEP] 残留色素に合わせたインナーハイライト

BEFORE → AFTER

Beforeの分析
- 細くて柔らかく、色素が入りやすいが、白髪が浮きやすい髪質。これまでのグレイ剤の残留色素で、根元、中間、毛先の彩度に違いが出ている状態。既染部には、これまでのカラー履歴が重なって、色のにごりと沈みがある。
- 新生部約3センチ、白髪率は15〜20%で、パートの内側部分に集中。ネープやぼんのくぼには少ない。現在は2か月前のカラリングで、全体が6.5〜7レベルに褪色している。

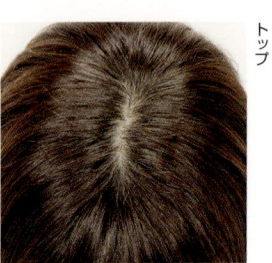

トップ / バックの内側 / フロントの内側

今回のテクニック
- 残留色素で、中間部に色素が残ってくすんでいるので、まずはこれを取り去り、全体を均一に育てていく。
- 今回はウイービングによるインナーハイライトで、内側から明るさが透けて見えるようにし、その上から13レベルのファッション剤ベージュ系を被せる。カラリング直後はさほど明度が上がらないが、1か月後、褪色に伴い自然にリフトアップしていくことを狙う。残留ティント量に合わせて、塗布量を調整することが大切。

トップ / バックの内側 / フロントの内側

施術時間
▼ハイライト	▼自然放置	▼既染部	▼根元リタッチ	▼自然放置
15分	15分	10分	10分	20分

既染毛を 育てる プログラム

1. 前処理（薬剤A、B）をした後、9ブロックにブロッキング。

2. ネープから薄めスライスで、ライトナー（薬剤C）で0.5：0.5：0.5のウイービングハイライトを入れる。ここは、薬剤は通常量で。

3. ミドルセクションは、1線目は②と同様だが、色ムラの大きい2線目からはカラー剤を、根元は薄め、にごりを取りたい中間は多め、毛先は薄めに。

4. 中間部にたっぷり乗せた薬剤を、縦にしたハケで根元側に薄く伸ばして、グラデーション状にしていく。

5. ホイルは薄く塗った毛先部分でまず一度折り、次に真ん中からもう一度折りたたむと、塗布量の差が保たれる。

6. トップセクションも③〜⑤の要領で塗っていくが、上ほどステムが下がり、根元のホイルがズレやすくなるので注意。アップステムで塗布。

7. サイドは③〜⑥同様、アップステムで、中間部にたっぷりと塗布。フロントサイドは均一量だが、もみあげは沈んでいるので、薬剤量を多めに。

8. バングは厚さ5ミリのスライシングにする。

9. トップの表面はにごりが少ないので、0.2：0.2：0.2の細いウイービング。塗布量は普通量で均一。表面には入れない。ホイルは根元から差し込む。

10. ハイライトのホイルワーク終了。バングのスライシングは3枚。その他はウイービングで、全体で66枚のハイライトを入れた。

11. 自然放置15分後、流す。

12. ハイライト後のドライ状態。全体の明度が3レベル上がった印象にチェンジ。この後、根元リタッチに入る。

13. ハイライトは内側に入れていて、表側には入れていないので、表面からはとてもナチュラルな印象。

14. 既染部へ。根元1センチをはずし、中間部分にファッションカラー剤のベージュ系13レベル（薬剤D）を、色素が残るところほど多めに塗布。

15. 続けて根元リタッチ。グレイ剤ベージュ系5レベル（薬剤E）を新生部3センチにオン。根元2センチは重ね塗りとなり、デバイディングラインを防ぐ。

薬剤データ

薬剤A…シェルパ コンディショニングミスト
薬剤B…シェルパ コンディショニングミルク
薬剤C…カラーストーリー iプライム CT-14LT オキシ6％ 2倍量
薬剤D…カラーストーリー iプライム C-12Nと CT-14NCを1：1 オキシ6％ 2倍量
薬剤E…カラーストーリー iプライム Br-5NB オキシ6％
（すべてアリミノ）

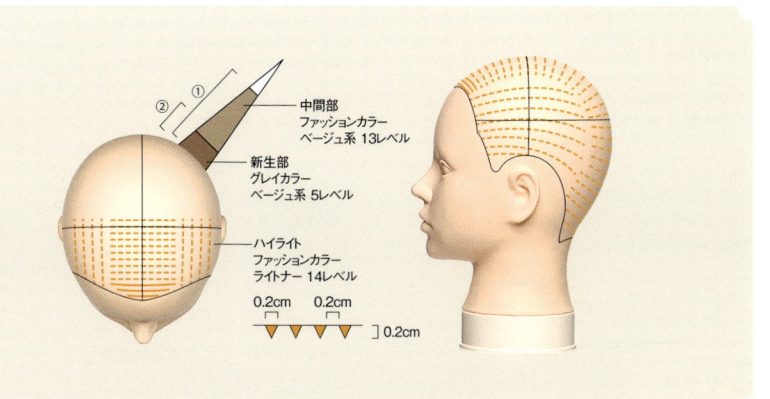

中間部 ファッションカラー ベージュ系 13レベル
新生部 グレイカラー ベージュ系 5レベル
ハイライト ファッションカラー ライトナー 14レベル
0.2cm 0.2cm 0.2cm

[MODEL A － STEP 2] ゾーンの塗り分けで、濁らせずに色味チェンジ

BEFORE  ……→ AFTER

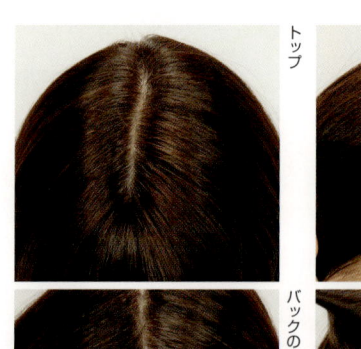

トップ／パートの内側／バックの内側／内側のハイライトの状態

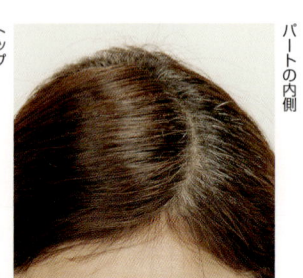

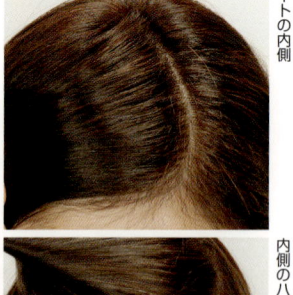

Beforeの分析

●前回、内側にインナーハイライトを入れ、13レベル・ベージュ系ファッション剤の重ね塗りをして全体の明度をアップさせた後、根元をグレイカラーの5レベルのベージュ系でリタッチした。
●1か月半後の現在、ベースの褪色に伴いアンダーのくすみが取れ、透明感が出てきて、見た目の印象が約8レベルにアップしている。新生部は約2センチ。ベースが均一になってきたので、今回からは少しずつ、既染部を育てつつ、デザインを加えていく。

今回のテクニック

●ベースが整ってきたので、色味を楽しむデザインカラーを提案。
●今回は、まず根元をグレイカラーのニュートラル系8レベルでリタッチ。白髪をカバーしたいトップは、変型星型セクションで取り、8レベルのグレイ剤とファッション剤のミックスを塗布。その下はファッション剤のスモーキーマット10レベルで塗り分けし、明度と色相に差が出るようにした。ベースカットのレイヤーに、より立体的な動きが生まれる。次回、明度はほとんど変わらないと予測。

施術時間 ▼根元リタッチ 10分 ▼ローライト 5分 ▼自然放置 25分

既染毛を 育てる プログラム

1 頭皮に保護クリームを塗布し、パート際から根元新生部のみにグレイカラー剤ニュートラル系8レベル（薬剤A）を「置くリタッチ」。

2 まずは根元新生部をすべてリタッチ。トップは白髪が多いので、薬剤は多めに。

3 アンダーは白髪が少ないので、塗布量を少なめに。多いと既染部にティントが残ってくすみの原因になる。ハケの先端を使い、薬剤を薄めに置く。

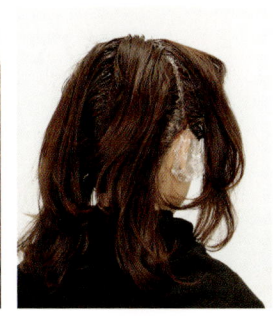

4 根元新生部のリタッチ終了。

5 このまま続けて、既染部を塗布していく。まずトップを変型の星型セクションに取る。

6 サイドは斜め前方に向かうセクション（図参照）。

7 CMC補給の前処理剤（薬剤B）を、髪全体の中間から毛先に塗布。

8 さらに毛先には、高濃度のCMC補給の前処理剤（薬剤C）をたっぷりと塗布。

9 アンダーセクションから、ファッションカラーの10レベル・スモーキーなマット系（薬剤D）を毛先から塗布。

10 次に中間部に塗布。ベースをさらに明るくしていくと共に、アンダートーンのオレンジ味を消して、ベージュ系に近づける。

11 アンダー→ミドルと塗り終ったら、パネルが重ならないようにふんわり重ねて、空気酸化を促す。

12 このとき、このようにダウンさせて塗布してしまうと、均一で正確な塗布量になりにくい。

13 トップはブラウン系8レベルのファッションカラーとグレイカラーをミックス（薬剤E）。オンベースで塗布する。

14 根元を引き上げながら、トップ全体に塗布。グレイカラー剤で白髪浮きを抑え、ファッションカラー剤で既染部へのグレイ剤のブラウン味を削ることが目的。

15 仕上がり。トップとアンダーの、色のグラデーション効果でメリハリを出す。自然放置25分。

薬剤データ

薬剤A…カラーストーリー iプライム
　　　　Br-8MdBとC-8Nを1：1　オキシ6％
薬剤B…シェルパ コンディショニングミスト
薬剤C…シェルパ コンディショニングミルク
薬剤D…カラーストーリー iプライム　Ct-10NC　オキシ6％
薬剤E…カラーストーリー iプライム
　　　　C-8NとBr-8NBを1：1　オキシ6％
　　　　（すべてアリミノ）

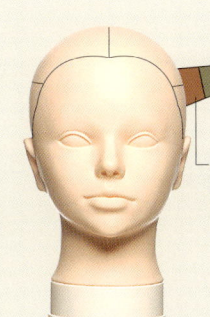

既染部
ファッションカラー
スモーキーなマット系
10レベル

新生部
グレイカラー
オレンジブラウン系 8レベル

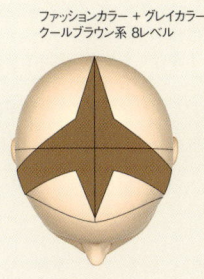

ファッションカラー＋グレイカラー
クールブラウン系 8レベル

[MODEL A － STEP 3] フルハイライトで、透け出る明るさを楽しむ

BEFORE → AFTER

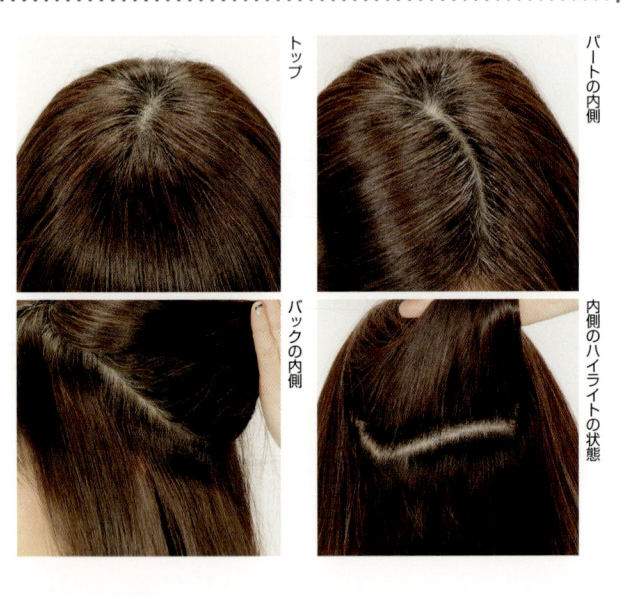

トップ / パートの内側 / バックの内側 / 内側のハイライトの状態

Beforeの分析
- 前々回はインナーハイライトでくすみ修正＆リフトアップを行い、前回はトップとアンダーで色相を塗り分けた。
- 現在はハイライト部分がなじみ、赤味も抜けて、全体がナチュラルなウォームブラウン系に変化している。明度はほとんど上がらず、8〜8.5レベルでキープ。ただし中間部のくすみが取れて、全体が透明感のある色味に変化。ワンメイクに近い状態になり、暖色系、寒色系、どちらにもチェンジしやすい状態になってきた。

今回のテクニック
- 全体の透明感が育ってきたので、今回はさらに内側から明るさが透け出るようなハイライトを入れて、軽やかさを出す。カットで言うセニングのような効果をカラーで狙っている。そのハイライトがより引き立つようにローライトを配置してメリハリを出し、ローレイヤーのカットベースの立体感を強調。その後、根元をリタッチする。
- 彼女のようにリフトしにくく、染料が入りやすい髪質をくすませずに育てていくには、色素を入れるときと入れないときを使い分けることが大切。

施術時間 ▼ハイライト 5分 ▼根元リタッチ 10分 ▼自然放置 25分

既染毛を 育てる プログラム

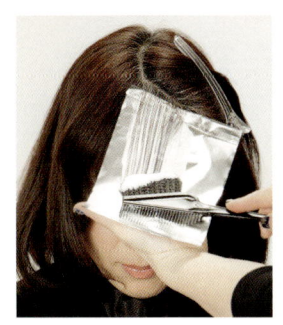

1 顔周りから八の字スライスでスライシングのハイライト（薬剤A）を入れる。スライス幅0.5センチ、根元1センチを空けて、塗布量は多めに。

2 髪の重なり、頭の面積に合わせて、徐々に厚めに、スライスもすそ広がりの三角形気味にしていく（図参照）。

3 厚めのスライスは、塗り残しがないように裏表ともにしっかりと塗布。まず中間部からたっぷりと薬剤を塗布する。

4 毛束を上に向けて折りたたんで、裏面にも塗布。

5 さらにまた下に向けて折りたたんで毛先側にも薄めに塗布。スライスが厚い場合は塗布量が均一になりにくいので、このようにしてコントロール。

6 フロントからバックにかけて、八の字スライスで左右6枚ずつホイルを入れた。

7 バックのアンダーは頭の丸みに沿ったラウンドのスライスで、1:1:1のウィービングで太めのハイライトを入れる。

8 ホイルはバックの左右に3枚ずつ。トップは入れずに残す。内側に明るい毛を入れることで、セニングカットしたかのような軽さが生まれる。

9 根元をリタッチする。トップからグレイカラーのオレンジブラウン系6レベル（薬剤B）を塗布。

10 パート際は両面から塗布する。

11 ホイルの根元もリタッチする。

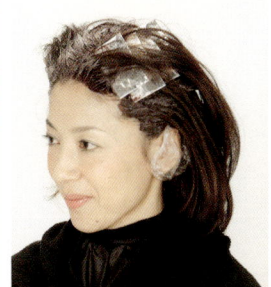

12 全頭のリタッチ終了。空気を含ませるように、ふんわりと重ねる。

13 トップセクションは、バック側からローライトを入れる。ハイライトのすぐ隣に、0.8センチスライスでパネルを取る。

14 ファッションカラーのボルドー系3レベル（薬剤C）でローライト。明度が低くても彩度が高い色を選択。

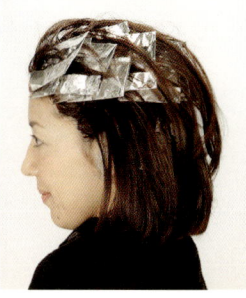

15 トップのハイライトのすぐ隣にローライトを配置することで、両方の色味が引き立ち合いながら、色がなじむ。自然放置25分。

薬剤データ

薬剤A…カラーストーリー iプライム　C-11Mt　オキシ6%　2倍量
薬剤B…カラーストーリー iプライム　Br-6MdBとC-6Nを1:1　オキシ6%
薬剤C…カラーストーリー iプライム　C-5NとCt-violetを1:1　オキシ2.7%
（すべてアリミノ）

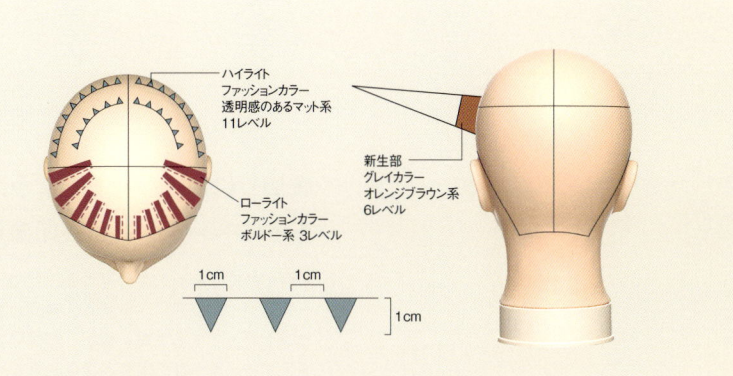

ハイライト
ファッションカラー
透明感のあるマット系
11レベル

ローライト
ファッションカラー
ボルドー系 3レベル

新生部
グレイカラー
オレンジブラウン系
6レベル

PART.1
既染毛を育てる
プログラム

MODEL CASE

B 低明度のグレイ剤の蓄積で、5レベル以下の黒髪

BEFORE

STEP 1

ナチュラル
ブラウン系
6 level

Step 1 ●○○

**真っ黒な状態を
フルハイライトでリフトアップ**

細いがキューティクルがしっかりしていて、とてもリフトしにくい髪質。まずは残留色素を削ることを最優先として、フルハイライトで明度を上げる。褪色後に、もう1レベル上がるように計算。

cut: Takayuki Yamamoto　make-up: Mie Ihara

BEFORE

Step 2 ●●○

**顔周りにハイライトをプラスし
さらに1レベル明るい印象に**

前回の施術から1.5か月経つと、褪色してもう1レベル上がった状態に。今回も、色素は極力足さずに、リフトアップする方向を選択。顔周りにハイライトを足すと、見た目の印象がさらに明るくなる。

cut: Takayuki Yamamoto　make-up: Mie Ihara

BEFORE

STEP 3

ゴールド
ブラウン系
8.5
level

Step 3 ●●●
ファッション剤とグレイ剤の
重ね塗りで沈まない工夫を

既染部が育ち、新生部は中明度のグレイ剤で対応可能な状態になった。さらに1レベル上げるために、既染部のオレンジ味を打ち消す高明度のファッションカラーに、根元リタッチのグレイ剤を重ね塗り。

cut: Takayuki Yamamoto　make-up: Mie Ihara

STEP 2

クール
ブラウン系
7.5
level

▶ Next Plan

もう2〜3か月
「育てる」プログラム
を継続して
さらに明るく

色素を極力足さずに、褪色を利用してリフトアップするプログラムを組んできた。既染部は順調に育ってきたので、あと2〜3回「育てる」プログラムを続行すると「キープする」デザインに移行できる。

[MODEL B — STEP 1] フルハイライトで全体をリフトアップ

BEFORE → AFTER

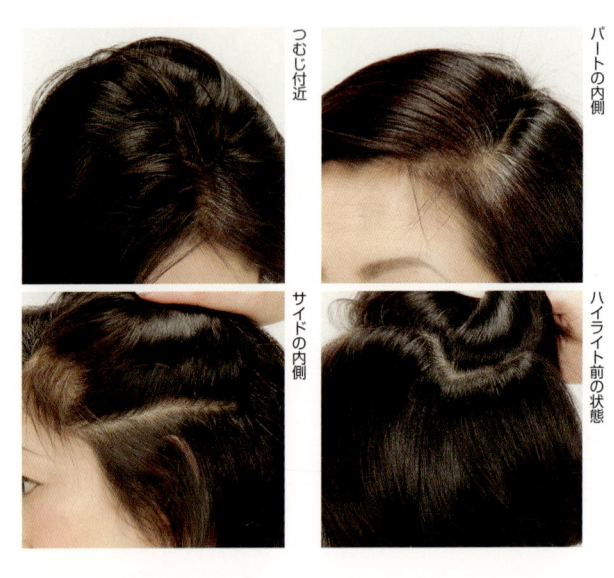

つむじ付近 / パートの内側 / サイドの内側 / ハイライト前の状態

Beforeの分析
- 全体は5レベルの黒の印象、新生毛は約2センチ。これまで低明度のグレイ剤でカラリングを続けてきたので、中間から毛先が4レベル近くまで暗く沈んだ印象の黒になり、むしろ根元のほうが明るくなっている状態。
- 全体の白髪率は15％未満だが、顔周りとパート際にだけ30％程度あり、伸びてくると気になりやすい。逆に耳周りやもみあげ部分は5％程度。細いがしっかりしたキューティクルを持っているので、リフトしにくい髪質。ダメージはないが明るくするのが難しい髪なので、薬剤量のコントロールも大切。

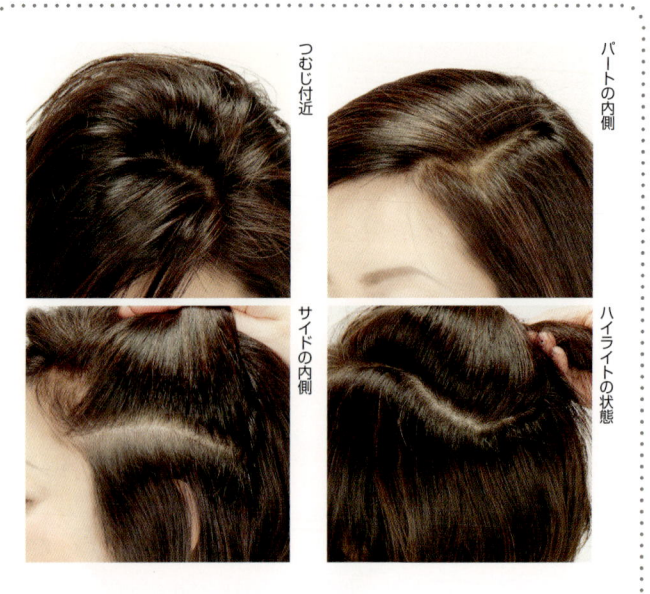

今回のテクニック
- リフトが最優先なので、ウイービングによるフルハイライトを入れる。ただしネープには入れず、明度のグラデーションをつけてバックを引き締める。今回は脱染剤を使い、色素だけを除去（メラニンは壊さない）。そこに無彩色のファッション剤14レベルをのせて、全体の印象を1レベル程度アップする。
- 褪色により1か月後には2レベル近くアップしていると予測。このようにグレイ剤が蓄積している髪はリフトの予想も難しいので、初回はブリーチ剤ではなく脱染剤の活用が有効。

施術時間　▼ハイライト 8分　▼自然放置 20分　▼根元リタッチ 10分　▼既染部 5分　▼自然放置 20分

既染毛を 育てる プログラム

1 ブロッキング。こめかみと耳後ろで分ける。

2 バックのぼんのくぼ下とネープは、ホイルを入れないブロックとする。ぼんのくぼ下に入れると、放射状に広がってしまい、効果が薄いため。

3 根元4センチを空け、脱染剤（薬剤A）で中間から毛先に0.5：0.7：0.3のウィービングを入れる。新生部との境目は、ハケを縦にしグラデーションでぼかす。

4 塗布しなかった根元ははずしてホイルをたたむ。

5 サイドにも同じ要領で、全体にフルウィービングを入れていく。根元との境目は薄くぼかししていく。

6 右バックサイドに8枚、左バックサイドに8枚、バックセンターは6枚のホイルを入れた。

7 フロント〜トップセクションは、グレイの多い部分なので、チップをやや太くする。ここは0.5：0.5：0.5でウィービング。

8 ヘビーサイドに18枚、ライトサイドに7枚のホイルを入れた。自然放置30分間後、流す。

9 ハイライト終了後の状態。全体が1レベルアップした印象になっている。

10 根元リタッチに入る。新生部をグレイ剤6レベルのナチュラル系（薬剤B）でリタッチ。根元のほうが明るいので、今回は根元にしっかりと色素を入れる。

11 白髪の気になる生え際は、薬剤を多めに。顔周りの白髪率30％部分は、ハケのカドを使って、際までしっかりと薬剤を「溜めて置く」。裏表、両面から塗布。

12 逆に白髪の少ないイア・トゥ・イアなどは「薄く置く」。リタッチ終了。ネープは塗らない。

13 既染部にファッション剤のペールマット系14レベルを塗布（薬剤C）。やや赤味を抑えるマット系でリフト。塗布量は多めで。根元2センチをオーバーラップ。

14 トップは裏面から塗布し、

15 表面からもしっかり塗布する。この髪の状態では、表面からだけの塗布では、明度が上がらない。ネープは特にたっぷりと塗布して、明るさを出すことが大切。

薬剤データ

薬剤A…ティントエスケープ　オキシ2.7％　2倍量
薬剤B…カラーストーリー iプライム　Br-6NB　オキシ6％
薬剤C…カラーストーリー iプライム　Ct-14Nc　オキシ6％
　　　　（すべてアリミノ）

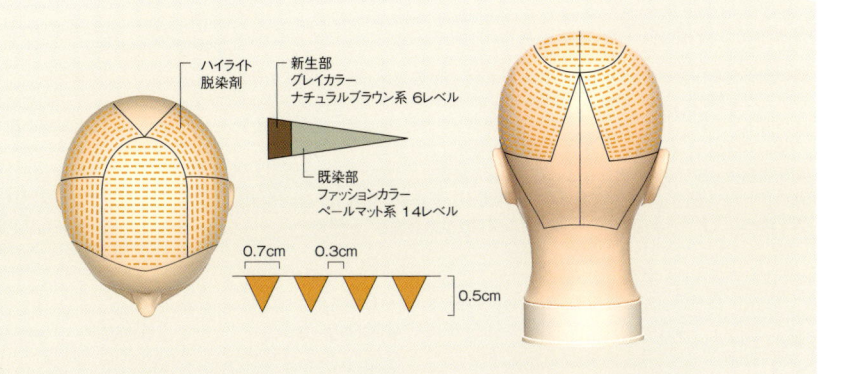

ハイライト脱染剤

新生部
グレイカラー
ナチュラルブラウン系 6レベル

既染部
ファッションカラー
ペールマット系 14レベル

0.7cm　0.3cm
0.5cm

[MODEL B - STEP 2] 顔周りにハイライトをプラスし、明るく

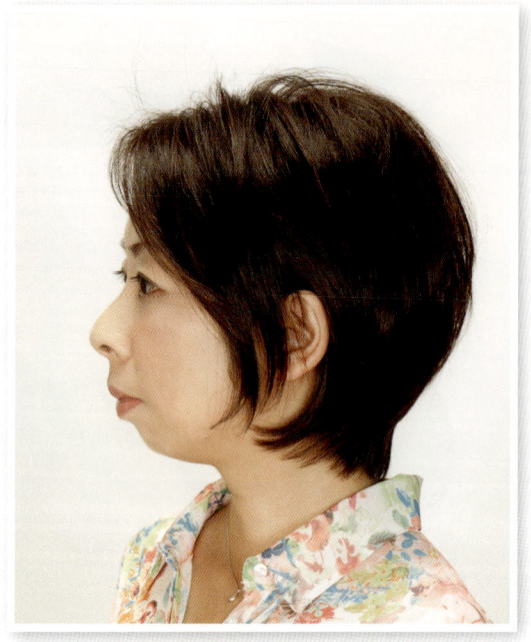

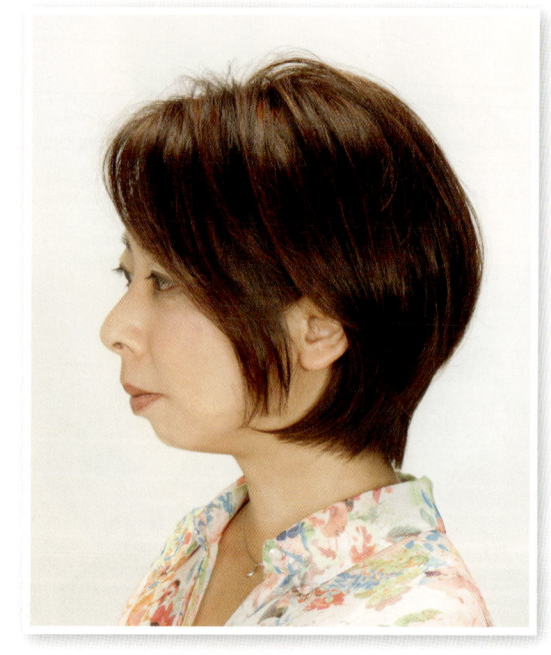

BEFORE → AFTER

トップ / パートの内側 / サイドの表面 / ハイライトの状態

Beforeの分析

- 前回のフルハイライト&ペールマット系14レベルのファッション剤によるカラリングが褪色し、計算どおり、全体の印象が8レベルのブラウンになった(ハイライトを入れていない既染部は6レベルのブラウン)。真っ黒に沈んでいたアンダーセクションは、かなりリフトアップさせることに成功している。
- 新生部は1.5センチ。気になるのは、やはり顔周りの白髪率30%部分のみで、他の5〜15%部分は白髪が目立たない。今回も、まだ取り切れていない残留色素を減らし、もう1〜2レベル引き上げるプログラムを組んでいきたい。

今回のテクニック

- 今回は、蓄積したグレイ剤の色素を取り去ることが第一優先なので、ハイライトの追加と根元リタッチのみとする。
- 前回と同じ脱染剤で、10レベルのオレンジ系になるように、顔周り中心に少なめにウイービング・ハイライト。ハイライトは、顔周りに入れるだけで全体の印象がぐっと明るくなる。その後、根元を8レベルでリタッチし、毛先はオレンジ味だけ消す感覚で、ファッション剤のペールマット系14レベルを塗布し、自然なグラデーションに。次回来店時までに、もう0.5〜1レベルアップ。

施術時間: ▼ハイライト 3分 / 自然放置 10分 / ▼根元リタッチ 13分 / 既染部 3分 / ▼自然放置 25分

既染毛を 育てる プログラム

1 顔周りにハイライトをプラスしていく。ヘムラインから3センチ内側までの、この部分に入れる。

2 厚さ0.3センチの薄いスライスを取り、根元1.5センチを空けて、脱染剤（薬剤A）をやや多めに塗布。

3 ヘムラインを囲むように、右サイドにも同様にスライシング・ハイライトを入れる。

4 左サイドも同様にスライシング・ハイライト。

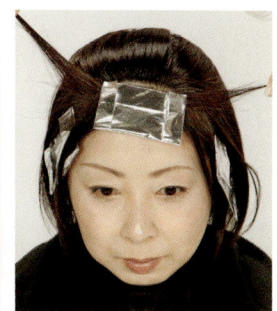

5 ただし左右のこの2か所ははずす。ここは白髪が多く、目につきやすい場所なので、ハイライトを入れる必要がない。入れるとむしろ、褪色時に白浮きしてしまう。

6 グレイの多いところはわざとはずしながら、トップまでスライシングを3枚。頭頂部のみ0.5：0.5：0.5のウイービングハイライトを入れる。

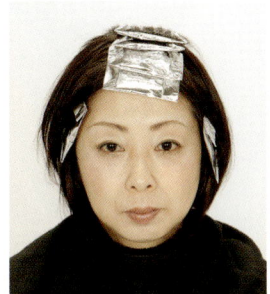

7 フロント〜トップのハイライト終了。フロントにスライシングとウイービングのハイライトが入った状態。

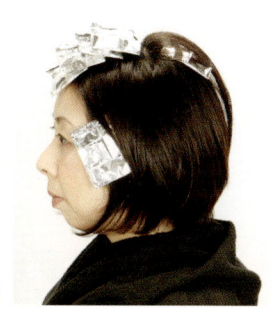

8 フロントサイドには、ヘムラインに沿って左右1枚ずつスライシング・ハイライトを入れた。自然放置10分後、流す。

9 ドライ後の状態。ハイライト部分が10レベルのオレンジ系にまでリフトしている。

10 根元をリタッチ。グレイ剤のナチュラル系8レベル（薬剤B）で、フロントのパート際からリタッチ。ここは塗布量を多めに。

11 逆にバックは白髪量が少ないので、塗布量は少なめにコントロール。

12 根元リタッチ終了。

13 既染毛を塗布する前に、前処理をしっかりしておく。ここではナノ化CMCが主成分の前処理剤（薬剤C）を、中間から毛先にかけてたっぷりと塗布。

14 毛先のオレンジ味を消すために、ファッション剤のペールマット系14レベル（薬剤D）を、既染部に塗布。接合点にたっぷりと置き、オーバーラップ。

15 裏面からも多めに塗布していく。既染部の塗布終了状態。自然放置25分。

薬剤データ

薬剤A…ティントエスケープ オキシ6% 2倍量
薬剤B…カラーストーリー iプライム Br-6NB
　　　　Br-7NBとBr-8NBを1：1：1 オキシ6%
薬剤C…シェルパ コンディショニングミスト
薬剤D…Ct-14Nc オキシ6%
　　　　（すべてアリミノ）

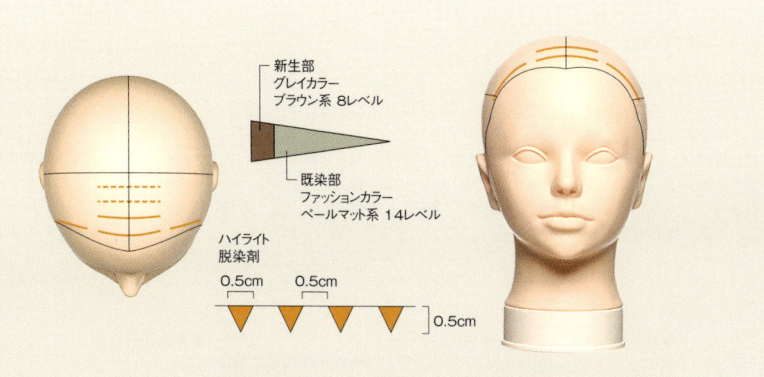

新生部
グレイカラー
ブラウン系 8レベル

既染部
ファッションカラー
ペールマット系 14レベル

ハイライト
脱染剤
0.5cm　0.5cm
0.5cm

[MODEL B — STEP 3] ファッション剤とグレイ剤の重ね塗り

BEFORE → AFTER

トップ / パートの内側 / サイドの表面 / ハイライトの状態

Beforeの分析
- 現在は、ハイライト部分は12レベルのオレンジブラウンに、全体は8レベルの印象になっている。今回も1レベル引き上げるプログラムをしていき、既染部のにごりを取り去っていきたい。
- ただし今回は、ハイライト部分に出てきたオレンジ味を消す必要がある。新生部は1.5センチ。全体が明るく、くすみがなくなってくるにしたがって、最も気になっていたフロントの生え際の白髪が、以前ほどは目立たなくなってきた。これは既染部の明度が上がり、新生部とのコントラストが弱まったため。

今回のテクニック
- 今回は高レベルのファッション剤を先に既染部に塗布し、褪色のオレンジ味を打ち消した後、根元を重ね塗りでリタッチしていく。ファッション剤の後にグレイ剤を重ねると、黒髪と白髪の明度を近づけて色素をいれるので、カバー力が高まる。生え際など、特に白髪が多い部分は、ファッション剤の上に、最後にピンポイントで低明度のグレイ剤を重ねると、暗く沈まずにその部分の白髪をしっかりカバーすることができて持ちがよくなる。
- ネープは、1パネルの距離が長いので二つに分割。頭の丸みに沿わせて塗布。

施術時間 ▼既染部 5分 ▼根元リタッチ 8分 ▼自然放置 20分

既染毛を **育てる** プログラム

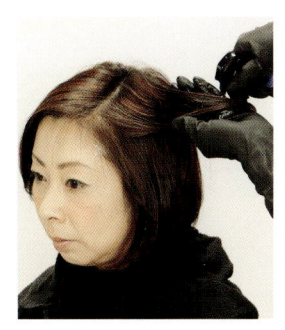

1 リタッチ部分と毛先に、前処理をしっかり行っていく。フェイスクリームを塗った後、ナノ化CMC主体の前処理剤（薬剤A）を中間から毛先に塗布。

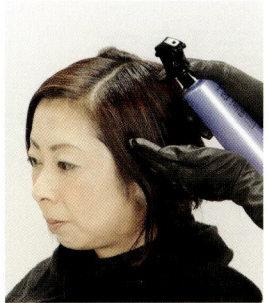

2 根元3センチには、カラー剤の浸透をよくするために、高濃度のナノ化CMC主体の前処理剤（薬剤B）を塗布。地肌にはつけないように注意。

3 根元1センチを外し、ファッション剤の12レベルの薄いピンクバイオレット系（薬剤C）を塗布。白髪が少なく、明度を上げたいネープは塗布量は多めに。

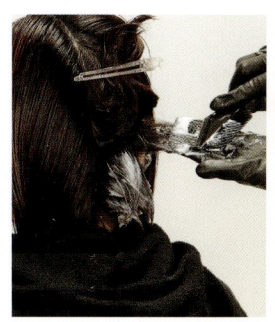

4 ネープはダウンシェープだと、パネル同士がくっついてしまう。パネルはオンベースに引き上げ、ハケを0度でしならせて塗布していく。

5 バックは頭のラウンドに合わせてパネルを引くことがポイント。耳後ろは、パネルを耳側に向けて引き上げて塗布する。

6 しっかりオンベースに引き上げて、裏面からも塗布。

7 バックの塗布が終了。

8 サイド〜フロントに移る。やはり根元は1センチ外す。ここは、根元側は塗布量が多め、毛先に行くにしたがって薄めになるように、コントロールしていく。

9 このように毛先側は薄く塗布。裏側からも塗布していく。

10 上のセクションになるにつれて、パネルをオンベースに引き上げる。

11 毛先まで、引き上げたまま塗布すること。

12 既染部全体にファッション剤の塗布終了。

13 根元リタッチ。グレイ剤の7.5レベル・ゴールドブラウン系（薬剤D）で、根元から既染部を3センチオーバーラップさせて塗布していく。裏側からも塗布。

14 最後に生え際の白髪量が多いところにのみ、グレイ剤のナチュラル系4レベル（薬剤E）をピンポイントで置くと、明度を下げずに白髪をカバーできる。

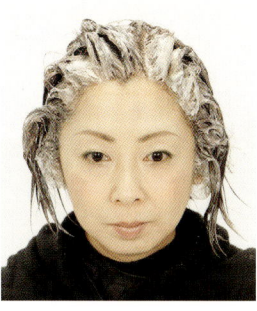

15 全体の塗布終了。ファッション剤を先にしたので、グレイ剤を重ね塗りしても、沈んで暗くならない。自然放置20分。

薬剤データ

薬剤A…シェルパ コンディショニングミスト
薬剤B…シェルパ キャリアオイル
薬剤C…カラーストーリー iプライム CL-14LTとC-11MVを2：1 オキシ2倍量
薬剤D…カラーストーリー iプライム Br-6NBとC-9Gを1：1 オキシ6％
薬剤E…カラーストーリー iプライム Br-4NB オキシ2.8％
（すべてアリミノ）

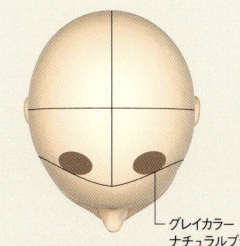

新生部＆重ね塗り部分
グレイカラー
ゴールドブラウン系 7.5レベル

新生部＋既染部
ファッションカラー
ごく薄いバイオレット系 12レベル

グレイカラー
ナチュラルブラウン系 4レベル

PART.1 既染毛を育てるプログラム

MODEL CASE **C**

グレイ剤の蓄積で顔周りに重さを感じるロング

BEFORE

STEP **1**

透明感のある
レッドブラウン系
8 level

Step 1 ●○○
ゾーンの塗り分けカラーで既染部を育てながらデザインする

細く柔らかくリフトしやすい髪質だが、既染部はグレイカラー剤が蓄積し、くすんだ黒になっている。上下でゾーンを分け、4レベル差の塗り分けで、アンダーセクションを中心に軽さと透明感を作る。

cut: Yasuhiro Shimada　make-up: Mie Ihara

BEFORE

Step 2 ●●○
アンダーとオーバーの明度差をハイ＆ローライトでなじませる

褪色してアンダーとオーバーの明度差が2レベル差になったのを均一に近づける。アンダーにローライト、オーバーにハイライトを足して、全体の色調をなじませる。既染部に色は足さない。

cut: Yasuhiro Shimada　make-up: Mie Ihara

BEFORE

STEP 3

オレンジ
ブラウン系
9.5
level

Step 3 ● ● ●
**育ったベースを活かして、リタッチ
＆ハイライト＆アクセントカラー**

明るくなったアンダーにはハイライトとアクセント
カラーを交互にいれて、色味と明るさを足し、アン
ダーより暗いトップにはハイライトを足して全体の
色調をブレンドさせる

cut: Yasuhiro Shimada　make-up: Mie Ihara

STEP 2

クール
ブラウン系
8.5
level

▶ Next Plan

**次回は
根元リタッチのみか、
色調チェンジでキープ**

ベースの色素を足さずに、リ
タッチとホイルワークで対応
してきたので、アンダーの暗
さがかなり抜けている。計算
ができる状態になったので、
次回からは「キープする」デ
ザインを楽しめる状態になっ
た。

[MODEL C-1 STEP] ゾーンの塗り分けで、透明感を出す

BEFORE  → AFTER

トップ / パートの内側 / サイドの内側 / バックの内側

Beforeの分析

- 細く柔らかでコシがなく、リフトしやすい髪質。色素の吸い込み過ぎに注意が必要。毛量もやや少なめ。毛先10センチはややダメージしている。白髪率は15％程度で、全体に均一にある。パート際やもみあげはやや多め。バックは白髪率10％以下と少ない。
- 現在は6レベルのブラウンに、9レベルのハイライトが入っていて、見ための印象は8レベル。ただし、既染毛にはグレイ剤の色素が蓄積して、黒というより赤みが強くなっている状態。そのため実際よりも暗くみえる。

今回のテクニック

- 重くなりがちなロングをゾーンでハチ上と下に分けて、アンダーを明るく、オーバーをナチュラルトーンにする塗り分けを提案。色相はさほど変わらないが透明感が出て、暗く沈んだ部分をカバー。全体のトーンが少しアップする。
- アンダーを明るく、オーバーをナチュラルトーンにする明度差をつけて、表面から毛先にナチュラルなグラデーションを出し、ロングの質感を軽く見せる。ゾーンを分ける際は、頭の丸みに沿ったラウンド型にブロッキングすると、上下の髪の重なりが自然になる。次回は褪色により、1レベル明るくなる設定。

施術時間 ▼既染部 10分 ▼根元リタッチ 10分 ▼自然放置 20分

既染毛を 育てる プログラム

1 前処理をした後、ブロッキング。ハチ上とハチ下で上下に分ける。ハチの丸みに合わせてラウンドに取る。

2 バックから見ると緩やかな馬蹄形ブロッキング。ロングはコーミングせずにいっきに塗っていくので、あらかじめよく梳かしておくこと。

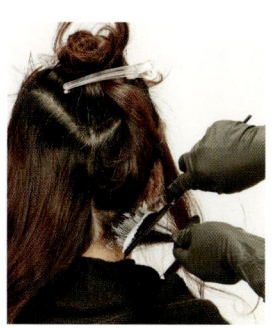

3 ネープから2.5センチのスライスを取り、根元を1センチ外し、ファッション剤のゴールド系14レベル（薬剤A）を塗布。毛先はもみこむ。

4 パネルをオンベースに引き出し、塗布量は普通量で、スピーディに毛先まで塗っていく。アンダーセクションの塗布終了。

5 トップはレッドブラウン系10レベル（薬剤B）にチェンジ。白髪部分となじませるために、アンダーより少し落ち着いた色味を選択する。根元1センチは外す。

6 毛先を塗布後、指で優しくもみ込む。ダメージしがちなロングは、無理にコーミングしないほうがいい。

7 上のセクションになるにつれて、パネルが下がりがちになるので、しっかりとオンベースに引き上げて塗布。

8 裏面も、引き上げた状態で塗布。

9 塗布後、パネルの根元をテールで軽く起こしておくと、後のリタッチ作業がしやすい。パネル通しがくっつくと余分な場所に薬剤がつく。

10 根元を起こして、ふんわりと重ねる。

11 上下のゾーンの塗布終了。

12 続けて根元をリタッチ（薬剤C）。グレイ量の多いパートの左側から。スライスは1センチ、コーミングはせず、根元にたっぷりと薬剤を「置く」リタッチで。

13 塗布終了。しっかりとオンベースに引き上げて塗布していくと、重ねたときに、パネルどうしがくっつかない。自然放置20分。

14 乳化の際は、毛先を中心にし、毛先のツヤを出すようにする。

15 生え際やもみあげに白髪が集中していない場合は、薬剤をためずおくことも大切。

薬剤データ

薬剤A…アルーリア ファッション ゴールド14 オキシ6％ 2倍量
薬剤B…アルーリア ファッション レッド10 オキシ6％ 2倍量
薬剤C…アルーリア レッドブラウン5とベージュブラウン7を1：1
　　　　オキシ6％
　　　　（すべてロレアル プロフェッショナル）

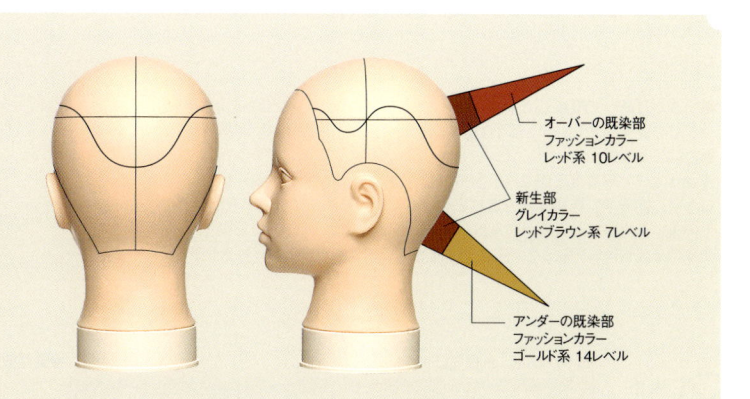

オーバーの既染部
ファッションカラー
レッド系 10レベル

新生部
グレイカラー
レッドブラウン系 7レベル

アンダーの既染部
ファッションカラー
ゴールド系 14レベル

[MODEL **C** — STEP **2**] 明度差をハイ&ローライトでなじませる

BEFORE → AFTER

Beforeの分析

- 1.5か月経って褪色した現在、ゾーンで塗り分けたトップは8レベルのブラウン、アンダーセクションは10レベルのオレンジブラウンになっている。
- 前回はトップ10レベル、アンダー14レベルの4レベル差でカラーし、カラー直後はさほど明度差を感じない状態に仕上げたが、褪色した現在は2レベル差になり、明るさと色相がはっきりと分かれた状態になっている。今回はこの上下の違いをなじませるカラーを設計する。新生毛は2.5センチ。白髪率15%で全体にほぼ均等に分散しているが、フェイスラインやパート際にはやや多め。

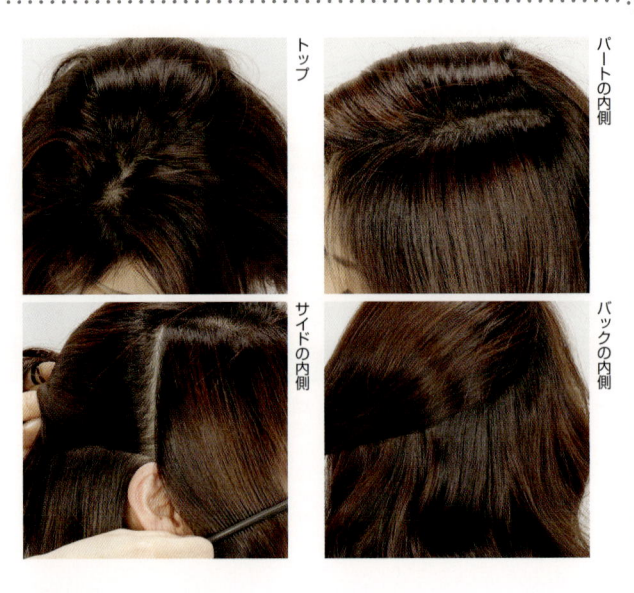

今回のテクニック

- 今回は、色相と明度に差のついたトップセクションとオーバーセクションをなじませるために、トップにハイライト、アンダーにローライトを入れていく。と同時に、次回また1レベルリフトアップするように、薬剤設定をする。
- トップに変形5角形セクションを取り、その周辺を囲むようにスライシングのハイライトを入れることで、明るい部分が放射状に落ちる。アンダーは縦スライスのスライシングでローライトを入れると、上下がブレンドされ、明度のコントラストが弱まる。既染部はさらに育てたいので、今回は色を入れない。

施術時間　▼ハイライト 3分　▼根元リタッチ 10分　▼ローライト 3分　▼自然放置 20分

既染毛を 育てる プログラム

1 ホイルワークのためのブロッキング。頭頂部に五角形のセクションを取る。この周りを囲むように、ホイルを入れていく。

2 ヘムラインに沿って、厚さ0.8センチでスライスを取り、ファッション剤のアッシュ系14レベル（薬剤A）を塗。根元1センチは外す。

3 ホイルを2つにたたむ。

4 根元から2.5センチ分ホイルを引いて、空ける（P78「ずらしホイル」参照）。

5 次のスライスからは、スライス幅をセクションの辺よりも長く取り、パネルどうしをオーバーラップさせていく（図参照）。

6 この要領で、スライスが互い違いになるように取りながら、ブロッキングラインの周りを囲むようにスライシングしていく。塗布量はすべて多めで。

7 トップからグレイ剤のアッシュ系7レベルで根元リタッチ。

8 ずらしたホイルの根元2.5センチ部分に重ねて塗布。ホイルの根元は、ファッション剤とグレイ剤の重ね塗りになる。

9 裏面からもリタッチ。

10 ホイルの根元も塗り残しがないようにチェック。ただし白髪率は少ないので、薬剤はためずに普通量で塗布すること。

11 ネープは白髪がほとんどないので、ごく薄く。

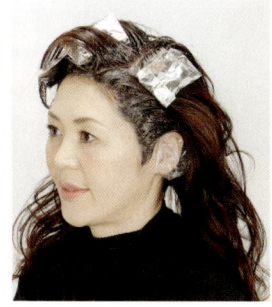

12 ハイライトのホイル＋根元リタッチ終了。

13 ホイルは全部で5枚。

14 縦スライスを取り、ファッション剤のプラチナアッシュ系5.5レベル（薬剤C）で根元から厚さ0.8センチのスライシングのローライト。

15 この要領で、アンダーセクションに、左右5枚ずつ、ローライトを入れる。自然放置20分。

薬剤データ

薬剤A…アルーリア ファッション アッシュブルー14 オキシ6％ 2倍量
薬剤B…アルーリア アッシュブラウン7 オキシ6％
薬剤C…アルーリア シルバー6とインテンス ブルーを1：1 オキシ3.7％
（すべてロレアル プロフェッショナル）

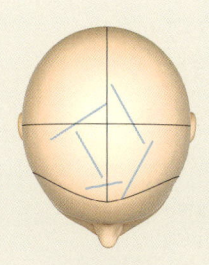

トップのハイライト
ファッションカラー
アッシュ系14レベル

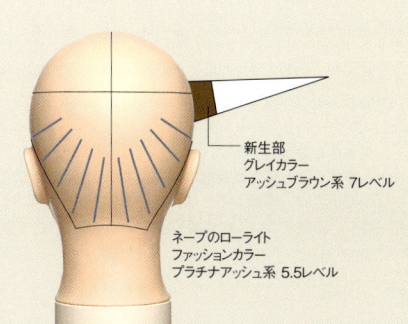

新生部
グレイカラー
アッシュブラウン系 7レベル

ネープのローライト
ファッションカラー
プラチナアッシュ系 5.5レベル

[MODEL C − STEP 3] 育ったベースを活かしたホイルワーク

BEFORE → AFTER

トップ / パートの内側 / バックの内側 / ハイライトの状態

Beforeの分析

●1.5か月経って褪色した現在、ゾーンで塗り分けたトップは8レベルのブラウン、アンダーセクションは10レベルのオレンジブラウン、ハイライト部分は10レベルのベージュ、ローライトの色素はリセットしている。新生部は2.5センチで、全体の白髪率は15％。
●リフトしやすい髪なので既染部は順調に育ち、明度が上がっている。この状態をキープしたいので、今回もベースには色を入れず、ホイルワークで対応。ツヤ感がない時や、白髪が浮いている場合は色味を深めたり、明度を下げる対応を。

今回のテクニック

●育った既染部を活かしたデザインを提案。アンダーはトップよりも2レベル明るいので、ハイライトとアクセントカラーを交互に入れて、色味と明るさを足す。トップは変形五角形セクションを取り、スライシング・ハイライトと、スライシング・アクセントカラーを入れる。
●アンダーセクションの根元の暗さが気になるので、今回はイア・トゥ・イアより後ろとバックだけはファッション剤でリタッチし、さらにリフトアップ。この部分は白髪が少なく、髪の重なりで根元が目立たないため、リフトアップを優先。

施術時間 ▼根元リタッチ 12分 ▼ホイルワーク 5分 ▼自然放置 20分

既染毛を 育てる プログラム

1. パート際からグレイ剤のレッドブラウン系7レベル（薬剤A）で新生部をリタッチ。塗布量は普通で、ハケは45度でしならせて塗布。

2. サイドは耳前までをグレイ剤（薬剤A）でリタッチ。それより後ろは、ファッション剤でリタッチする。

3. バックはファッション剤のマホガニー8レベル（薬剤B）でリタッチし、明度を上げる。彩度が下がってくすみがちな、ロングの内側の根元をリフト。

4. アンダーはリタッチ幅が広がりやすいので、パネルをしっかり引き上げて、下から上に向かって塗布する。塗布量は普通量で、根元にはためない。

5. 白髪のないネープ部分は、塗布量を多めにし、しっかりリフトさせる。裏側からも塗布。

6. アンダーは、まずアクセントカラーを。斜めスライスを取り、1：1：1の太めウイービングで、ファッション剤のマホガニー系8レベル（薬剤C）を塗布。

7. これをホイルの上で何層にも折りたたみながら、裏面からも表面からも、薬剤を塗布する（「ミルフィーユ塗布」→P78参照）

8. その下はハイライトを入れる。やはり1：1：1のウイービングで、ファッション剤のゴールド14レベル（薬剤D）を塗布。

9. これを繰り返し、ネープの最終パネルだけは、アクセントカラー（薬剤C）を0.3センチのスライシングで入れる。

10. みつえりが長いので、ここだけ厚めの三日月セクションを取り、スライシング・ハイライト（薬剤D）。

11. バックのホイルワーク終了。左右それぞれに、アクセントカラー3枚、ハイライト3枚を入れた。

12. トップの五角形セクションはハイライトのみを入れる。バックと同じゴールド14レベル（薬剤C）で、厚さ0.3センチのスライシング・ハイライト

13. ハイライト終了。ここも五角形の辺が互い違いになるようにスライスを取る。

14. 五角形の内側を埋めるように、厚さ0.3センチのスライシングで、マホガニー系8レベル（薬剤D）を2枚入れる。

15. ホイルワーク終了。乳化の際の注意はP79参照。自然放置20分。

薬剤データ

薬剤A…アルーリア ウォームブラウン7とレッドブラウン7を1：4 オキシ6％
薬剤B…アルーリア ファッション マホガニー8 オキシ6％
薬剤C…アルーリア ファッション マホガニー8とインテンス レッドを1：1 オキシ3.7％（すべてロレアル）
薬剤D…アルーリア ファッション ゴールド14 オキシ6％ 2倍量（すべてロレアル プロフェッショナル）

アクセントカラー／ファッションカラー マホガニー系8レベル

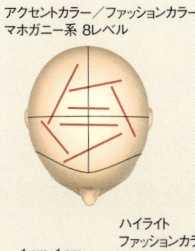

ハイライト ファッションカラー ゴールド系14レベル

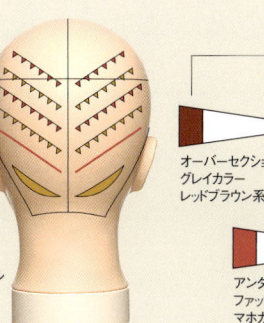

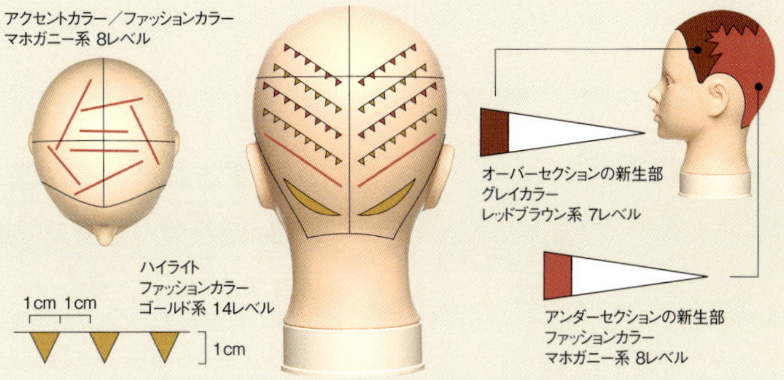

オーバーセクションの新生部 グレイカラー レッドブラウン系7レベル

アンダーセクションの新生部 ファッションカラー マホガニー系8レベル

PART.1 既染毛を育てるプログラム

MODEL CASE **D** | 硬毛でクセ毛、リフトしにくくパサつきやすい髪質

BEFORE

STEP 1

ベージュブラウン系 **7** level

Step 1 ●○○
根元のみのリタッチで、既染部の透明感を育てる

無理にリフトしようとすると、バサバサになってしまう髪質なので、1～3回目くらいまでは、既染部のリフト＆残留ティントの除去を第一優先にし、透明感を育てる。

cut: Takayuki Yamamoto　make-up: Mie Ihara

BEFORE

Step 2 ●●○
リセットするハイライトで、褪色時に1～2レベル分リフトさせる

ある程度、彩度が揃ってきたら、ホイルワークを行ってもOK。新生部グレイ剤、既染部はファッション剤でワンメイクした後、その色素を少し削る要領で、デザイン・ハイライトを入れる。

cut: Takayuki Yamamoto　make-up: Mie Ihara

BEFORE

STEP 3

ウォーム
ベージュ系
9
level

Step 3 ○○●
フルハイライト＋ワンメイクで、もう1レベル明るく

既染部が育ち、全体の彩度が均一に近づいたので、全体に細かいインナーハイライトを施し、内側から明るさが透け出るようにする。褪色時にもう1レベル上がって見えるように計算。

cut: Takayuki Yamamoto　　make-up: Mie Ihara

STEP 2

レッド
ブラウン系
8
level

▶ Next Plan
次回からは高明度のグレイ剤＋ファッションカラーでOK！

1か月後、ハイライト部分がリフトアップして、ベースが10レベル、アンダートーンが透明感のあるナチュラルなベージュ系ブラウンになっていると予測。次回から根元リタッチは、9レベルのグレイカラー剤でOKとなるはず。

[MODEL **D** — STEP **1**] 根元のみのリタッチで、透明感を育てる

BEFORE → AFTER

トップ
サイドの内側
バックの内側

Beforeの分析
- 硬毛でクセ毛、色が入りにくく、リフトしづらい髪質。ただし一度入ると色素が残りやすく、沈みやすい。
- 全体の白髪率は約40％だが、内側に集中していて、パート際などの表面は少ない。特に多いのはもみあげ部分と耳後ろ。逆にネープ部分は少ない。根元リタッチを繰り返している髪なので、既染部に余分な残留色素は少なく、にごりやくすみがない状態。新生部は約2センチ。現在は褪色して全体が7レベルのオレンジブラウン。

今回のテクニック
- くすみやすい髪質であり、既染部の色素も取っていきたいので、今回もこれまで同様「根元のみ、『塗る』ではなく『置く』リタッチ」にして、既染部を育てる。
- 7レベルのチェスナットブラウンのグレイカラー剤を使用。乳化の際に既染部にも染料が少しのるので、新生部をリタッチするだけでもツヤ感が加わり、ダメージの軽減にもなる。1か月半後、色味はリセットして、0.5レベルリフトアップしていると予測。

施術時間　▼根元リタッチ 12分　▼自然放置 25分

既染毛を 育てる プログラム

1 頭皮に保護クリームを塗布し、パート際から根元新生部のみリタッチ。グレイ剤（薬剤A）はハケを45度でしならせて「置く」。

2 そのまま新生毛2センチ分にだけ薬剤を塗布し、ハケを90度に立てて止める。既染部には、オーバーラップさせないことが大切。

3 ①②の要領で、ハケの毛先1/3にたっぷりと薬剤を乗せて、新生部2センチのみをリタッチ。まずはパートから左右十字に4方向を塗布。

4 生え際も①②と同様に「置いて留める」リタッチ。生え際の裏側は、ハケの先端を使って、上に引き上げるように「置く」ことがポイント。

5 白髪をしっかり隠したい場所なので、1.5センチの薄いスライスで、ハケをしならせて薬剤を置く。

6 裏面は、新生部以外に薬剤がつかないように、パネルを真上に引き上げて薬剤を置く感覚でリタッチ。

7 こめかみから下は、表側は塗らず、0.5センチのスライスで、裏側からのみリタッチ。

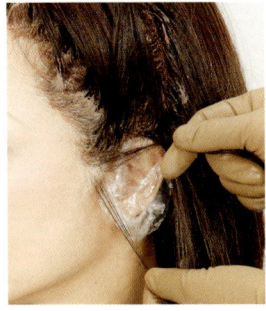

8 もみあげ部分はさらに細かく、1スライスを3等分して、しっかりとリタッチ。

9 もみあげのラストパネルは細いので、ハケの先端を使って薬剤を的確に置く。

10 生え際の白髪のチェックは、パネルが立ち上がるようにオンベースに引き上げて、再度重ねて、オーバーラップしないように。

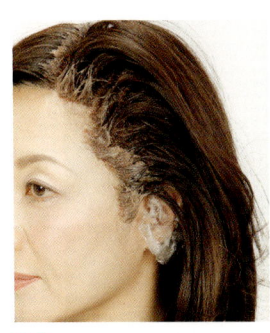

11 リタッチしたパネルはすべて、根元を立ててパネルどうしがくっつかないようにし、ふわっと重ねる。空気の通り道を作って、空気酸化を促すことが大切。

12 生え際とは逆に、白髪の少ない後頭部内側は、塗布幅も塗布量も少なめに。

13 耳後ろは塗りこぼしやすい。ここは意識してパネルを引き上げて、毛流通りに薬剤を置くことが大切。

14 このように毛流を無視して薬剤を置くと、塗布幅が長くなりがち。中間部までオーバーラップさせてしまい、既染部を暗くする原因になる。

15 リタッチ終了。空気酸化を促すため、ラップはしない（エアコン下では乾燥に注意）。自然放置25分。乳化の際に、既染部にも色を馴染ませる。

薬剤データ

薬剤A…カラーストーリー iプライム
　　　Br-7NB　オキシ6%（アリミノ）

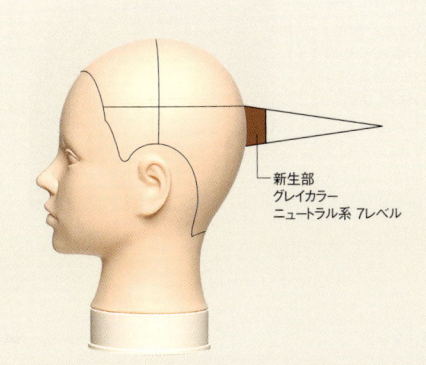

新生部
グレイカラー
ニュートラル系 7レベル

[MODEL **D** — STEP **2**] リセットするハイライトで、褪色時にリフトさせる

BEFORE → AFTER

Beforeの分析
- 前回の根元リタッチから1か月半が過ぎ、新生部は2センチ。既染部が0.5レベルリフトアップしている。全体が7.5レベルのニュートラル系に褪色。
- 前回は根元リタッチのみだったので残留色素が減り、全体の透明感が復活してきている。全体の彩度が均一になってきて、ハイライトやローライトなどのデザインカラーを加えても、計算ができる状態になってきた。リタッチのみなので、ダメージも進行していない。

トップ / サイドの内側 / バックの内側

今回のテクニック
- 既染部を育てつつ、次回に影響しない方法で、少しだけデザインを加える。褪色するとコントラストが弱くなる方法でハイライトを入れていく。
- まず根元リタッチ。次に、既染部をファッションカラーで染めた後、その色素を少し削る感覚でハイライトを入れる。しっかりハイライトは入るが、短時間で済むのでダメージが少なく、褪色時に明度が上がり過ぎない。1か月後は全体がカッパーブラウンの印象になると予測。

トップ / サイドの内側 / バックの内側

施術時間 ▼根元リタッチ 12分 ▼既染部 6分 ▼自然放置 20分 ▼ハイライト 5分 ▼自然放置 5分

既染毛を 育てる プログラム

1. 頭皮に保護クリームを塗布し、多めの薬剤量で、パート際から根元新生部のみにグレイカラー剤（薬剤A）を「置く」リタッチ。

2. パサつきやすいので、中間から毛先にかけてCMC補給の前処理剤（薬剤B）を多めに。毛先部分には、高濃度のCMC補給の前処理剤（薬剤C）を。

3. 既染部のアンダーからファッションカラー（薬剤D）を塗布して、全体をツヤのある状態に。パネルをきちんと広げて塗っていくことが大切。

4. 全体の彩度がだいぶ均一な状態になってきたので、スライス幅3センチ、カラー剤は通常量で塗布。根元0.5センチをオーバーラップさせる。

5. パネルは空気の通り道をつくるように、ふんわりと重ねていくことが大切。ラップはせず、自然放置20分後、流す。

6. 8レベルのレッドブラウン系になったベースにハイライトを入れる。ネープからハイライトがのぞくように、ジグザグパートでブロッキング。

7. フロントはこめかみ部分を三角スライスで分け取り（図参照）、顔周りにアクセントをつける。この三角スライスを三等分する。

8. フロントから幅0.8センチ、2センチ間隔のスライシングで、14レベルのファッションカラー剤（薬剤E）を、中間から毛先に向けて塗布。

9. 根元側はハケを縦にして、境目をぼかすようにのばす。中間部から毛先はたっぷりと、根元は薄くなるように塗布量を調節。

10. 大きな三角形セクションを、3枚のホイルで構成。

11. ヘビーサイドは1.5倍の大きさのセクションを取り、⑧〜⑩の要領で塗布する。こちらは4枚のホイル構成。

12. ネープは1.5センチ幅のハの字スライスを取り、根元は外して中間部分に薬剤をたっぷりと置いて、毛先までのばす。

13. 根元部分は⑨と同様に、ハケを縦にして境目をぼかすように塗布していく。

14. 左右を⑫⑬の要領で塗布し、3枚ずつホイルを入れる。髪がフォワードに流れたときに、内側からハイライト部分が見えるようにホイルを配置。

15. 自然放置5分。顔周りとアンダーセクションの内側にハイライト部分が出てくるようにホイルを配置。

薬剤データ

薬剤A…カラーストーリー iプライム　Br-6RRBとBr-8RRBを 1：1　オキシ6％
薬剤B…シェルパ コンディショニングミスト
薬剤C…シェルパ コンディショニングミルク
薬剤D…カラーストーリー iプライム　C-8RR　オキシ6％
薬剤E…カラーストーリー iプライム　Ct-14LT　オキシ6％　2倍量
（すべてにアリミノ）

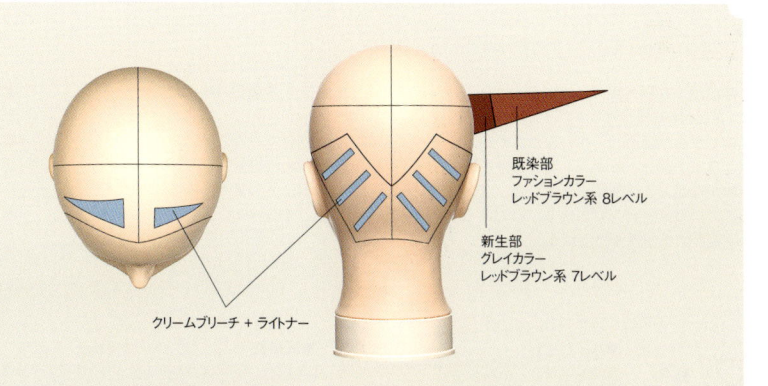

クリームブリーチ＋ライトナー

既染部
ファッションカラー
レッドブラウン系 8レベル

新生部
グレイカラー
レッドブラウン系 7レベル

[MODEL D — STEP 3] フルハイライト＋ワンメイクで明るく

BEFORE → AFTER

トップ／パートの内側／サイドの内側／ハイライトの状態

Beforeの分析
● 前回は8レベルのレッド系のベースに、ポイントカラーとして顔周り中心に14レベルのデザイン・ハイライトを加えた。
● 1か月が経過し、ベースが1レベル上がって赤の色素が抜けてきたため、ハイライト部分とのコントラスト差が弱まり（4レベル差→3レベル差）、より全体がなじんだ印象になっている。1メイクに近い状態にリセットしてきているので、ウイービングによるフルハイライトを入れると、もう1レベル、全体の明度がナチュラルに上がる。

今回のテクニック
● 顔周りに入れたポイントカラーがリセットしてなじんでくると、お客様自身が明度を1〜2レベル上げることに、抵抗がなくなる。
● そこで9レベルになったベースに、ウイービングによるフルハイライトを加えて、軽やかな動きを出しつつ全体の印象をもう1レベル上げることを提案。ハイライト→既染部カラー→根元リタッチの順でカラーしていく。この手順だと、ナチュラルハイライトにより明るさが整い、赤味を抑えた仕上がりになる。

施術時間	▼ハイライト	▼自然放置	▼既染部	▼根元リタッチ	▼自然放置
	8分	5分	8分	10分	20分

既染毛を 育てる プログラム

1 ウイービング・ハイライトのためのブロッキング。ネープはセンターで分け、その上の、イア・トゥ・イアよりバックは3つにブロッキング。

2 トップとバングでふたつに分ける。フルハイライトの基本的なセクション取りで、全体を9つにブロッキング。

3 ネープから0.5：0.5：0.5のウイービングで、根元1センチを空け、中間部から薬剤（薬剤A）を多めに塗布。根元側はハケを縦にし、境目をぼかす。

4 同様にして、ネープの左右に6枚ずつホイル・オン。リフトしづらいネープからスタートすることで、最終的にトップの明るさと明度が揃う。

5 センターから。0.5：0.5：0.5のウイービングで、中間部を多め、根元と毛先は薄めに塗布。左右も同様に、各セクション6枚ずつホイル・オン。

6 両サイドに進む。こちらも③や⑤と同様にウイービング。前回まで既染部のムラが修正されているので、すべて均一の塗布でOK。

7 バングは、毛流れに合わせて、斜めスライスを取り、バックやサイドと同様に、ウイービングでハイライトを入れる。

8 ホイルワーク終了。グレイヘアのハイライトは、トップには入れない。表面になる部分は褪色時に白浮きしたり、より白髪に見えることを避けるため。

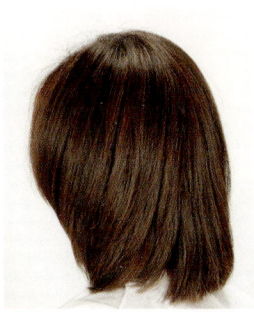

9 バング終了から、自然放置5分で流す（ネープのアンダーから13分経過）。ドライ後の表面。内側のハイライトが透けて、1レベル明るく見える。

10 細かいウイービングなので、ナチュラルな仕上がり。前回のポイント・ハイライトもよりなじんで見える。

11 既染部に塗布する前に前処理。中間部から毛先にはCMC補給の前処理剤（薬剤B）、毛先部分には、さらに高濃度のCMC（薬剤C）を多めに塗布。

12 既染部はオレンジ味をやわらげるため、ファッション剤のグレージュ系11レベル（薬剤D）を、根元1センチを空けてネープから塗布していく。

13 裏側も丁寧に塗布。リフトしにくい髪質なので、次の根元リタッチの前に、グレイ剤と重なる部分をしっかりリフトしておく必要がある。

14 この要領で、既染部全体にファッション剤を塗布。空気が通るようにふわっと重ねる。

15 グレイとファッション剤のミックスのグレージュ（薬剤E）で、根元リタッチ（重ね塗り）。既染部に4センチのオーバーラップ。自然放置20分。

薬剤データ

薬剤A…オルディーブ トーンコントローラー C13-CL
　　　オキシ6％ 2倍量（ミルボン）
薬剤B…シェルパ コンディショニングミスト
薬剤C…シェルパ コンディショニングミルク（共にアリミノ）
薬剤D…オルディーブ ベーシックトーン 11-pGG オキシ6％
薬剤E…オルディーブ ボーテ b6-cBGと
　　　オルディーブ ベーシックトーン8-pGGを1：1　オキシ6％
　　　（共にミルボン）

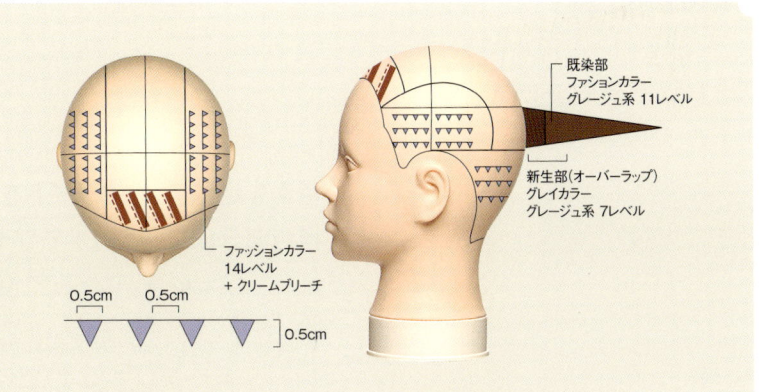

ファッションカラー 14レベル + クリームブリーチ
0.5cm　0.5cm　0.5cm

既染部 ファッションカラー グレージュ系 11レベル
新生部（オーバーラップ）グレイカラー グレージュ系 7レベル

PART.1 既染毛を育てるプログラム

MODEL CASE **E**

太くて硬く、撥水毛でリフトしづらい髪質

BEFORE

STEP **1**

レッドブラウン系 **8** level

Step 1 ●○○
フロント〜サイドにハイライト
既染部はマニキュアの「休息カラー」

太くて硬いクセ毛で、薬剤をはじきやすく、とてもリフトしづらい髪質。「育てる」プログラムを継続中なので、部分的に明るさを足し、既染部は落ちやすいタイプのマニキュアで休ませる。

cut: Takayuki Yamamoto　make-up: Mie Ihara

BEFORE

Step 2 ●●○
色素を足さず、ハイライトを追加し
褪色部分はローライトでツヤ感を

育ってきた既染部を活かしたいので、無理に色素を足さず、根元リタッチにトップからの放射状ハイライトを追加。前回のハイライト部分は褪色が目立つので、ここはローライトを入れて、ツヤ感の補充を。

cut: Akiko Takimoto　make-up: Mie Ihara

BEFORE

STEP 3

ウォーム
ベージュ系
9.5
level

Step 3
**バングのローライトと既染部の
マニキュアで再び「休息カラー」を**

明度の上がり過ぎを防ぐため、今回は根元を1レベル下げた。既染部が透明感のある明るさになってきたのでそのまま活かす。バングにローライトを入れて落ちつかせ、既染部はマニキュアでツヤをプラス。

cut: Takayuki Yamamoto　　make-up: Mie Ihara

STEP 2

透明感のある
アッシュブラウン系
8.5
level

▶ Next Plan

**「上がり過ぎ」と
「ダメージ」を防ぎなが
ら「キープ」に移行**

既染部は育ち上がったので、次回は「キープする」デザインに移行OK。ただし、もともとリフトしづらい髪質なので、「置くリタッチ」などを正確に守って、再び余分な色素が蓄積しないように注意する。

[MODEL **E-1** STEP] ハイライト&マニキュアの「休息カラー」

BEFORE → AFTER

トップ / パートの内側 / サイドの内側 / ハイライトの状態

Beforeの分析
- 太くて硬く、毛量が多い。ややクセ毛で撥水毛。透明感が出にくく、白髪に薬剤が浸透しにくい。リフトしづらいので、明るくするのはとても難しい髪質。
- 白髪率は40〜45%で、全体にまんべんなくある。3週間に一度のホームカラーをしていたが、「育てる」プログラムを継続中。現在は8レベルのオレンジイエローブラウンに褪色。新生毛が約3センチ。まだ残留色素によるくすみは残っているので、これを継続して取り去るプログラムを組んでいく。明るく透明感のある既染部に育てて、ツヤのある透明感を引き出したい。

今回のテクニック
- 今回はフロント〜サイドにハイライトを入れて明るさを出し、既染部はマニキュアという「休息カラー」を選択。
- 明るさを出したいバングは、フロントセクションに正三角形チップでスライシング・ハイライト。サイドは大きな二等辺三角のトライアングルセクションでスライシング・ハイライト。レイヤーが入っていないので、これくらい大きなチップにしないと、効果が表れない。その後、根元リタッチして、既染部はマニキュア（落ちやすいタイプ）のレッド系を塗布。今回はリフトさせない。

施術時間 ▼ハイライト 3分 / 5分(自然放置) / 3分(根元リタッチ) / ▼既染部 12分 / ▼自然放置 20分

既染毛を 育てる プログラム

1. 1枚のホイル上に、2センチ×2センチの正三角チップを3つ取り、スライシングのハイライトを入れる。

2. リフトしにくい髪なので、脱染剤（薬剤A）を使用。根元3センチを外し、中間から毛先に多めに塗布。

3. 根元側はハケを縦にして、新生毛との接点を薄くぼかす。

4. サイドは、大きめの縦長三角形（図参照）セクションを取ってスライシング・ハイライト。ここはレイヤーが入っていないので、大胆なトライアングルチップで。

5. 根元と中間〜毛先で塗布量が違うので、ホイルはまず塗布量多めのところでいったん折り、さらにもう一度折る。量の違うところが混ざり合わないようにする。

6. サイドの三角チップはホイル5枚。

7. ライトサイドも同様に、三角チップでスライシング・ハイライト。こちらは底辺3センチ、高さ6センチの二等辺三角形セクションを取る。

8. ライトサイドはホイル3枚を入れた。

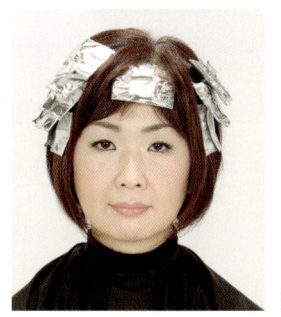

9. フロントは3つの三角チップを入れたホイル1枚、サイドはヘビーサイドに5枚、ライトサイドに3枚。10分自然放置後、流す。

10. ドライ後の状態。ハイライト部分は10レベルになっている

11. グレイ剤のレッドブラウン系7レベル（薬剤B）で、パート際から根元リタッチ。塗布量は多めで根元にためて、生えグセをしっかりと起こして塗布。

12. まず十字に塗布するが、このスタイルはネープが短いので、ネープは塗布せずに空けておく。

13. 最後にネープは縦スライスで、下から上に引き上げるように塗布していく。ここを上から塗ると、塗布幅が広くなるのでNG！

14. 既染部はマニキュアのレッドブラウン系（薬剤C）を塗布。薬剤を混ぜないポイントは、パネルを広げ、新生部との境目をきちんと出してから塗布すること。

15. 薄めのスライス、塗布量多めで、裏面からも塗布して終了。自然放置20分。

薬剤データ

薬剤A…プラチニアム オキシ6％ 2倍量
薬剤B…アルーリア レッドブラウン5とレッドブラウン9を1：1 オキシ6％
薬剤C…ニュアンセル ボタニカル レッドブラウンLとニュアンセル クリアを1：1
（すべてロレアル プロフェッショナル）

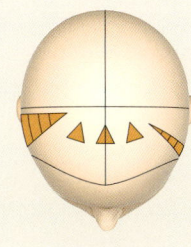

ハイライト（三角チップ）脱染剤

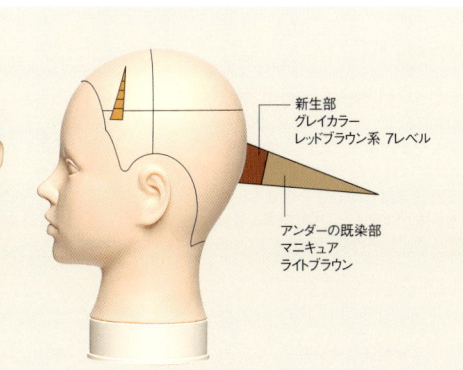

新生部 グレイカラー レッドブラウン系7レベル

アンダーの既染部 マニキュア ライトブラウン

[MODEL STEP E-2] 褪色部分にローライトでツヤ感プラス

BEFORE  → AFTER

トップ / バックサイド / サイドの内側 / ハイライトの状態

Beforeの分析
● 新生部1.5センチ、既染部は褪色して10レベルのベージュブラウンになっている。前回フロント〜サイドに入れたハイライトは14レベルのペールイエローに褪色。落ちやすいタイプのマニキュアを選択したので、既染部にもハイライト部分にも染料はほとんど残っていない。
● この育った既染部の明るさを活かし、既染部には色を加えず、さらにハイライトで明るさを加えていく方向で考える。白髪率が高いので、現在は中明度のグレイ剤でリタッチが可能。今回も7レベルのグレイ剤で対応していく。

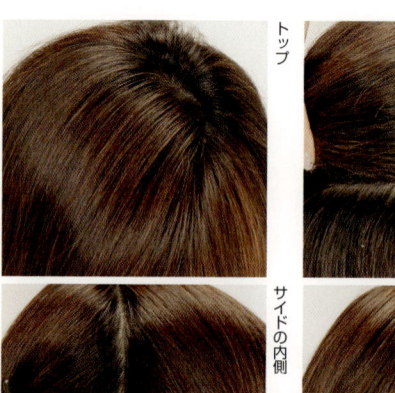

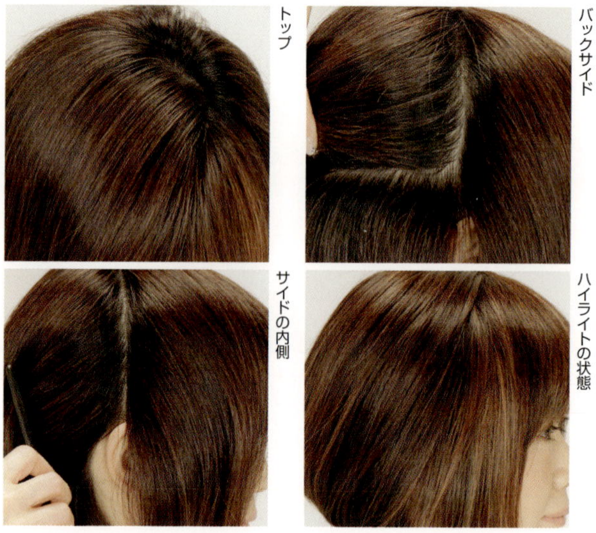

今回のテクニック
● 育っている既染部の明るさがそのまま活かせる状態なので、無理に全体に色素を加えることはないと判断。
● 今回はトップからファッション剤で放射状にハイライトを入れて明るさと立体感を出し、ブリーチしてバサ付きが気になりだした部分には、ファッション剤によるローライトを加えて、ツヤ感をアップするデザインを選択。ローライトはグレイ剤を使わずにファッション剤で行うこと。そうすれば1〜1.5か月後には色素が消えて、コントラストが弱まり、ワンメイクの状態近くに戻せる。

施術時間　▼根元リタッチ 10分　▼ハイライト&ローライト 5分　▼自然放置 20分

既染毛を 育てる プログラム

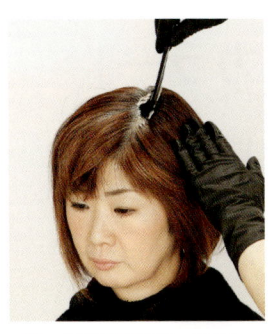

1. 頭皮に保護クリームを塗った後、グレイ剤のアッシュゴールド系7レベル（薬剤A）で、パート際から根元リタッチ。

2. 薬剤は多め。根元1.5センチに、ハケは45度にしならせてのせ、90度で止める「置く」リタッチで。

3. 全頭をこの要領でリタッチしていく。ただしネープは空けておく。

4. 前回のハイライト部分は外し、トップから放射状にファッション剤のアッシュ系14レベルでスライシング・ハイライトを入れる。

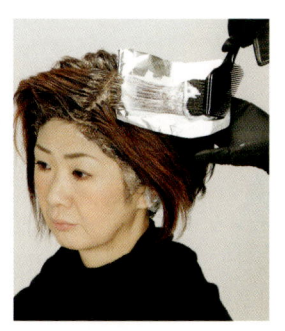

5. パートを起点に、放射状に厚さ0.5センチのスライスを取り、塗布量は多めで毛先まで均一に塗布。

6. 通常通り、ホイルは折る。

7. この要領で、トップから放射状に8枚のホイルを入れる。

8. 前回ブリーチした三角チップ部分は、褪色してパサついて見えるので、ここはトーンダウン。

9. 色素が残留しないようにファッション剤のプラチナアッシュ系6レベル（薬剤C）で、0.5：0.5：0.5のウイービング・ローライト。

10. 毛先まで均一量で塗布するが、ブリーチで褪色している部分は薬剤量をやや多めにする。

11. 耳上にもウイービング・ローライト。

12. ヘビーサイドは3枚のホイルを入れた。

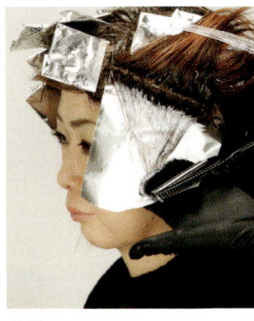

13. ライトサイドも同様に、ウイービング・ローライトを入れていく。

14. ライトサイドは2枚。

15. ホイルワーク終了。ハイライト部分はアッシュ系14レベル、ローライト部分は6レベルのプラチナアッシュ系に仕上がる。

薬剤データ

薬剤A…アルーリア アッシュブラウン7とゴールドブラウン7を1：1　オキシ6％
薬剤B…アルーリア ファッション アッシュブルー14　オキシ6％　2倍量
薬剤C…アルーリア ファッション シルバー6　オキシ3.7％
（すべてロレアル プロフェッショナル）

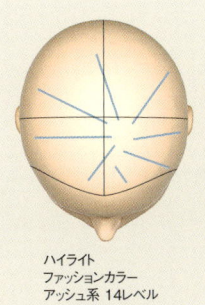

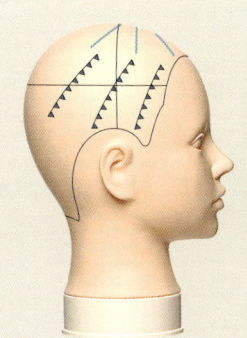

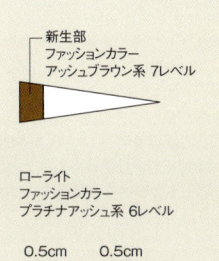

ハイライト
ファッションカラー
アッシュ系 14レベル

新生部
ファッションカラー
アッシュブラウン系 7レベル

ローライト
ファッションカラー
プラチナアッシュ系 6レベル

0.5cm　0.5cm
0.5cm

[MODEL E — STEP 3] ローライトとマニキュアで「休息カラー」

BEFORE  → AFTER

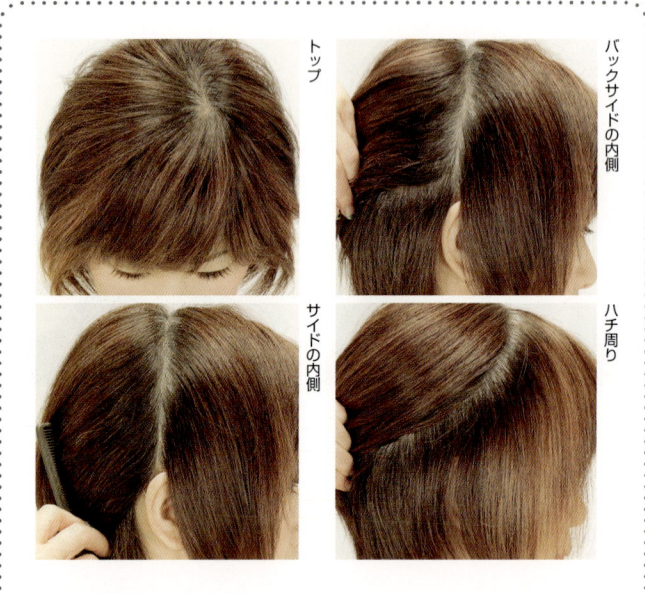

トップ / バックサイドの内側 / サイドの内側 / ハチ周り

Beforeの分析
● 新生部3センチ、白髪率は全体的に40〜45％。既染部は褪色して9レベルのベージュブラウンになっている。前回と前々回にフロント〜サイドに入れたハイライトは12〜14レベルのペールイエローに褪色。内側はかなり明るい。
● 既染部が育ってきて透明感が増し、明度も上がってきたので、今回も休息カラーにして明度をキープさせる方向で考える。残留した余分な色素は削りながらも、明度が上がり過ぎてしまわないように、3〜4回に一度は休息カラーや、明度を落とすカラーを考えることも大切。

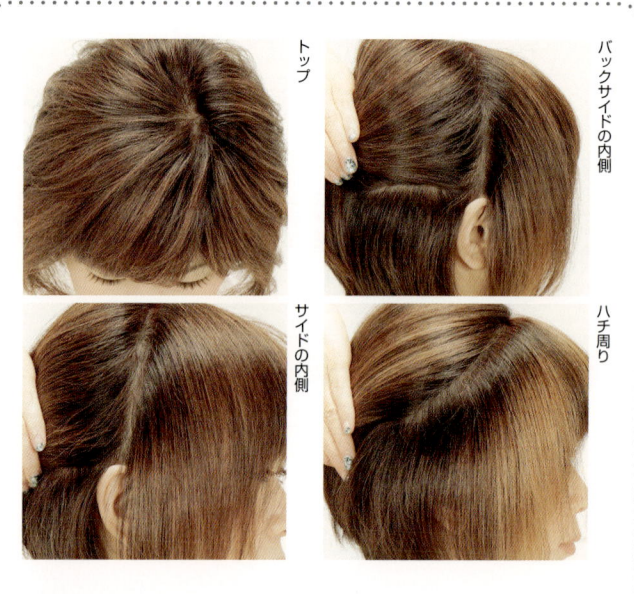

今回のテクニック
● 今回は明度を落ち着かせたいので、1レベル下げたグレイ剤で根元をリタッチする。
● フロントにはファッション剤でローライトを加えて、全体の色味を落ち着かせ、既染部は落ちやすいタイプのマニキュアで、明度を変えずにツヤとニュアンスカラーを加える。これも「休息カラー」の一つで、育った既染部がそのまま活かせると判断した場合は、根元は無理にリフトさせず、6レベルで白髪をカバーし、アクセントカラーで全体を明るくみせる。

施術時間 | ▼根元リタッチ 12分 | ローライト 1分 | ▼自然放置 10分 | ▼マニキュア 5分 | ▼自然放置 10分

既染毛を 育てる プログラム

1 グレイ剤のカッパー系6レベル（薬剤A）で、パート際から根元リタッチ。薬剤は多めで、ハケは45度でしならせて乗せる。

2 まず十字にリタッチ。ただしネープは塗らずに空けておく。

3 パネルをしっかり引き上げて、裏面からも多めの薬剤で塗布する。

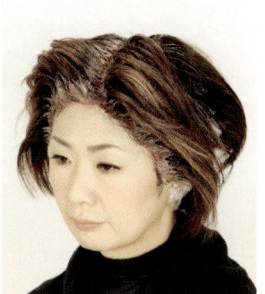

4 この要領で塗布し、イア・トゥ・イアより前側のリタッチ終了。

5 ネープはハの字スライスで取る。ここも塗布量は多めで。

6 同様に裏面からも塗っていく。パネルは上に引き上げ、下から上に向かって塗布。

7 全体のリタッチ終了。

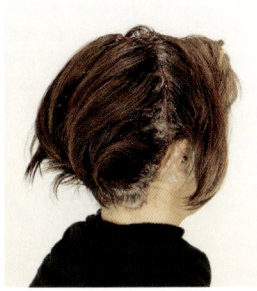

8 しっかり下から上に引き上げて塗布していくと、パネルの根元が浮き上がった状態で重なる。

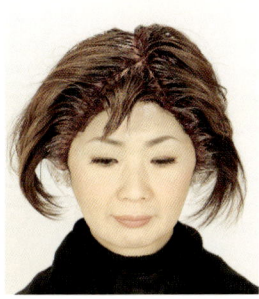

9 フロント部分も、パネルがくっつかずにふんわりと重なっている。

10 ファッション剤のレッドブラウン系10レベル（薬剤B）で、バングに三角セクションを取り、厚さ1.5センチのスライシング・ローライトを入れる。

11 バングの三角セクションに3枚のホイルを入れた。

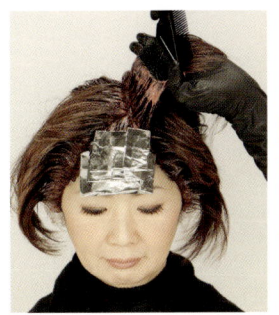

12 既染部はマニキュアのレッドブラウン（薬剤C）を塗布。新生部ときっちり塗り分ける必要があるので、パネルはオンベースに引き出して、境目から正確に塗布。

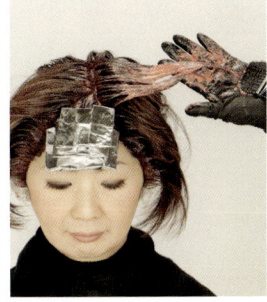

13 そこから毛先まではワンタッチで塗っていく。塗布量は普通量で。

14 マニキュアの塗布終了。

15 放置タイムにネープが地肌につくと不快なので、ネープはしっかり浮かせておくこと。自然放置10分。

薬剤データ

薬剤A…アルーリア レッドブラウン5とベージュブラウン7を1：1　オキシ6％
薬剤B…アルーリア ファッション マホガニー10　アルーリア インテンス レッドを1：1　オキシ3.7％
薬剤C…ニュアンセル ボタニカル レッドブラウンLとクリアを1：5
（すべてロレアル プロフェッショナル）

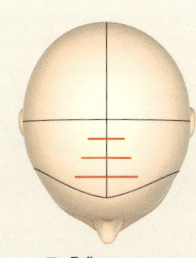

新生部 グレイカラー レッドベージュ系 6レベル
既染部 マニキュア レッドブラウン
ローライト ファッションカラー レッドブラウン系 10レベル

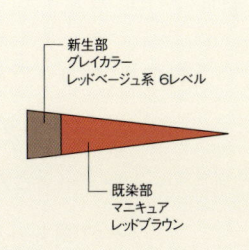

ANTI AGING COLOR

アンチエイジング カラーデザイン 11

P18〜57「既染部を育てる」、P80〜115「既染部をキープする」の
すべてのスタイルを集めました。
「育てる」プログラムと「キープする」メニューを実行しつつ、ヘアスタイルに合わせて、
ファッションカラー同様の、様々なカラーデザインが楽しめることがわかります。
「こんなふうに、徐々に明るく、きれいな色になりますよ」
「その間もいろいろなカラーが楽しめますよ」といった説明を加えながら、
ぜひお客様への提案してみてください！

Anti-Aging Color Design

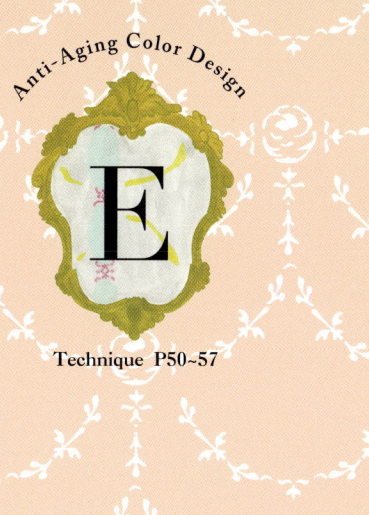

E

Technique P50~57

ハイライトとマニキュアの「休息カラー」

STEP.1
[レッドブラウン系　8レベル]

色素を足さず、ハイライトとローライトを追加

バングのローライト&マニキュアで再び「休息カラー」

STEP.2
[透明感のあるアッシュブラウン系　8.5レベル]

STEP.3
[ウォームベージュ系　9.5レベル]

Anti-Aging Color Design

B

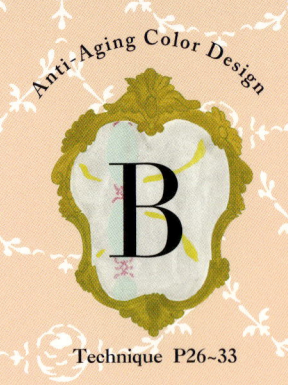

Technique P26~33

真っ黒な状態を、フルハイライトで明るく

STEP.1
［ナチュラルブラウン系　6レベル］

顔周りのハイライトで、さらに1レベル明るく

薬剤の重ね塗りで、沈まない工夫を

STEP.2
［クールブラウン系　7.5レベル］

STEP.3
［ゴールドブラウン系　8.5レベル］

Anti-Aging Color Design

C

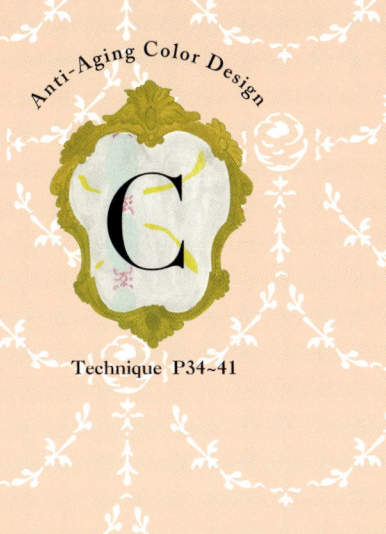

Technique P34~41

根元のみのリタッチで、既染部の透明感を育てる

STEP.1
[透明感のあるレッドブラウン系　8レベル]

次回にもう1レベル明るくなる、リセットするハイライト

フルハイライト＋既染部カラーで、さらに1レベル明るく

STEP.2
[クールブラウン系　8.5レベル]

STEP.3
[オレンジブラウン系　9.5レベル]

Anti-Aging Color Design

D

Technique P42~49

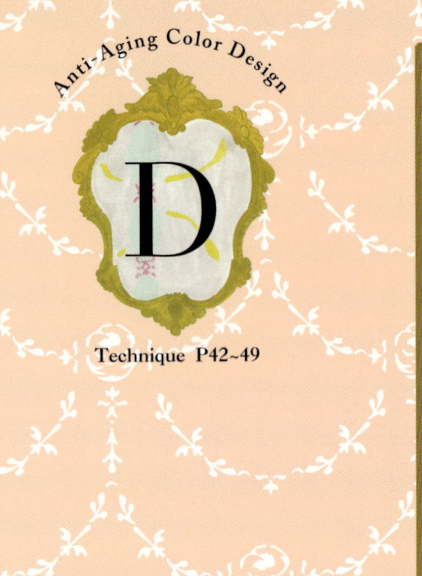

STEP.1
［ベージュブラウン系　7レベル］

根元のみのリタッチで、既染部の透明感を育てる

STEP.2
［レッドブラウン系　8レベル］

褪色を利用したリセットするハイライトで明るく

STEP.3
［ウォームベージュ系　9レベル］

フルハイライト＋既染部カラーで、透明感のある明るさに

Anti-Aging Color Design

F

Technique P50~57

ハイライト＆高明度ファッションカラーで寒色系へ移行

DESIGN.
1

アッシュ
バイオレット系
7.5レベル

ハイライト＆アクセントカラーで色相チェンジ

DESIGN.
2

アッシュ
ベージュ系
8.5レベル

Anti-Aging Color Design

A

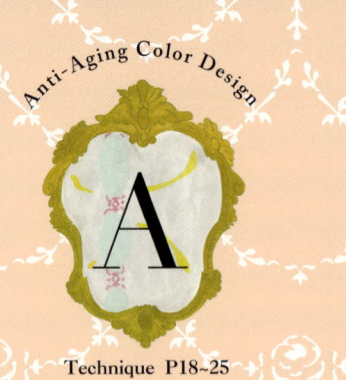

Technique P18~25

ウイービングによるインナーハイライトで、無理なく明るく

STEP.1
[ウォームブラウン系　7.5レベル]

ゾーンで塗り分けて、濁りのない色味にチェンジ

内側のフルハイライトで、中から透け出る明るさを

STEP.2
[クールブラウン系　8レベル]

STEP.3
[アッシュベージュ系　8.5レベル]

Anti-Aging Color Design

I

Technique P98~103

根元リタッチ＋ピンク系のアクセントカラー

DESIGN.
1

アッシュ
バイオレット系
9レベル

オーバーが明るく、アンダーが暗い「逆グラデーション」

DESIGN.
2

オレンジブラウン系
9レベル

Anti-Aging Color Design

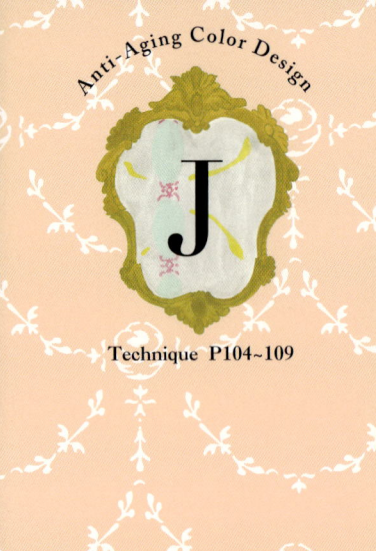

J

Technique P104~109

高明度に育った髪に、色味のあるハイライトでツヤを

DESIGN.
1

ベージュピンク系
9レベル

なじんできたハイライトを活かし、柔らかいベージュ系に

DESIGN.
2

アッシュ
バイオレット系
9.5レベル

Anti-Aging Color Design

K

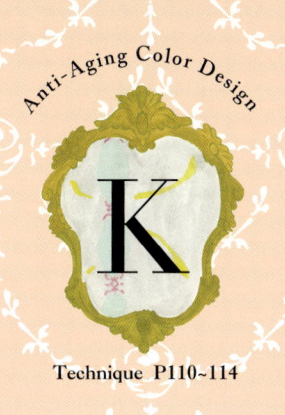

Technique P110~114

リセットする方法で顔周りの色を楽しむショート

DESIGN.
1

ベージュブラウン系
7.5レベル

ファッションカラー同様の透明感を楽しむカラー

DESIGN.
2

ベージュアッシュ系
9レベル

Anti-Aging Color Design

H

Technique P92~97

アッシュ系のゾーンカラーで、赤味を抑えて柔らかく

DESIGN.
1

アッシュブラウン系
8レベル

根元リタッチ＋ハイライトでコンディションキープの「最小限カラー」

DESIGN.
2

オレンジブラウン系
9レベル

Anti-Aging Color Design

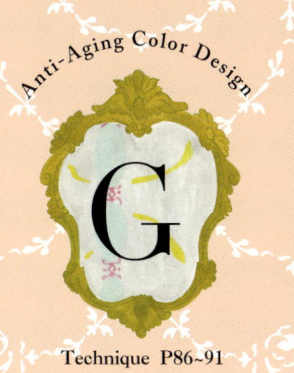

G

Technique P86~91

白髪の浮きはローライトでカバー

DESIGN.
1

クール
ベージュ系
9レベル

ハイライトとマニキュアでツヤ&質感チェンジ

DESIGN.
2

スモーキー
ベージュ系
9.5レベル

PART.2
育てた既染部を「キープする」

Keyword = "Color design to reset"

Part1のプログラムを3〜6か月間提案して、
アンダーベースが8〜9レベルの透明感のある状態に育ったら、
いよいよファッションカラーと同様のカラーデザインが楽しめるようになります。
寒色系、暖色系を問わず、カラーチェンジもOK。
様々なデザインバリエーションが可能ですが、
ここからは、このアンダーベースをずっと保っていくための
テクニック＆薬剤設定をしていきましょう。
キーワードは「1〜1.5か月後にはリセットするカラーデザイン」を選択していくことです。

タイプの違うモデルの2デザイン例

- P80 ……　Model Case F　「硬毛でリフトしづらく、透明感の出にくい髪質」
- P86 ……　Model Case G　「硬毛でクセ毛、リフトしにくくパサつきやすい髪質」
- P92 ……　Model Case H　「赤味が出てリフトしやすく、白髪の染まりにくい髪質」
- P098 …　Model Case I　「細いがリフトしにくく、色素を吸い込みやすい髪質」
- P104 …　Model Case J　「リフトしやすいが、白髪が染まりにくい髪質」
- P110 …　Model Case K　「高明度にキープ中の、クセ毛で色が入りやすい髪質」

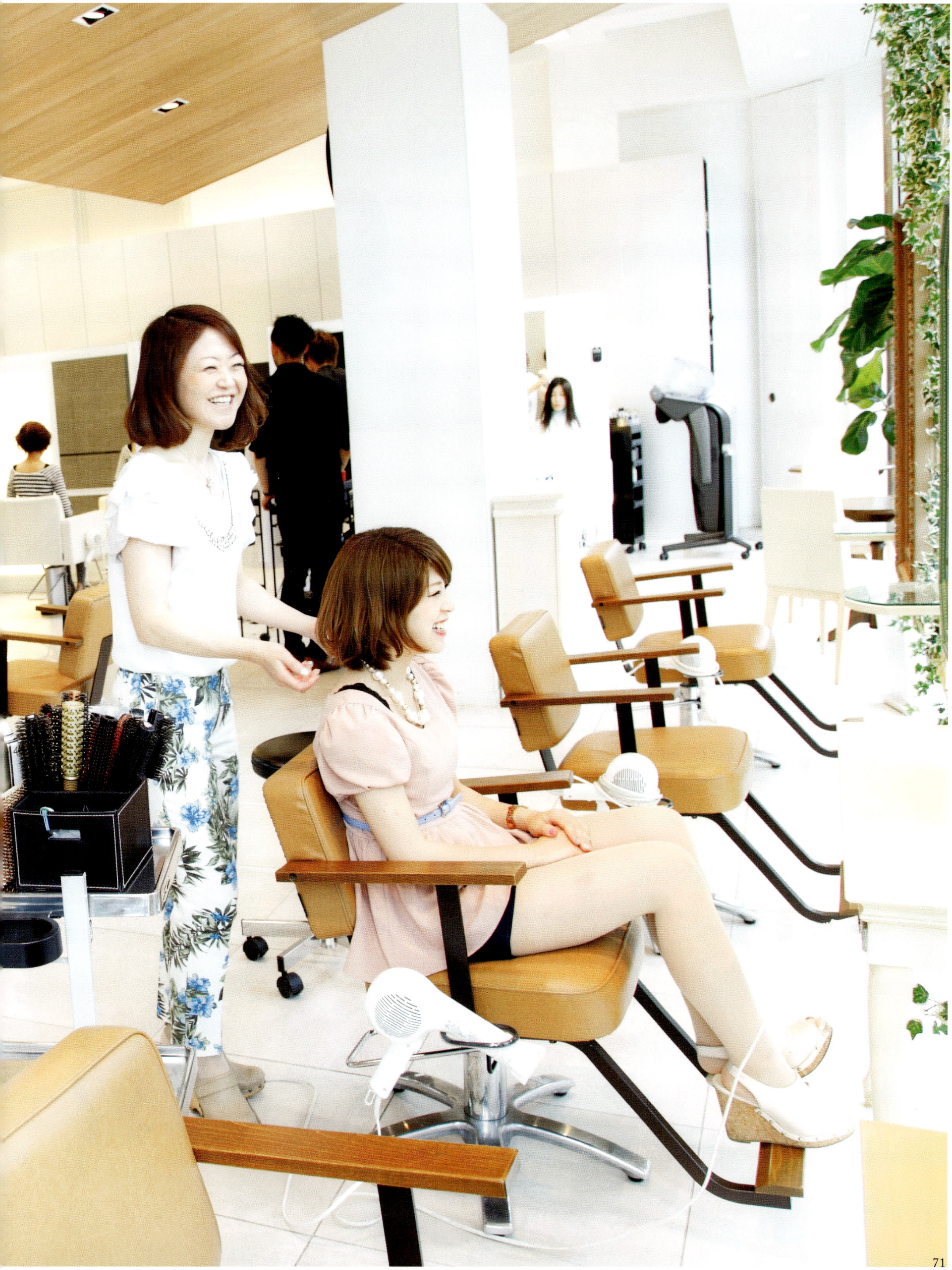

PROGRAM.2 - GUIDANCE

〈育てた既染部をキープする〉のしくみ

●基本プログラム（3～6回）

デザイン例・1
低アルカリ・ファッションカラー
●既染部をこれ以上リフトさせずに、色素だけを足していく。

デザイン例・2
なじむハイライト
●既染部の明るさを活かして、細かなウイービングで明るさを少しだけ足す。メラニンを壊さない程度のリフトにとどめるため、1～1.5か月でなじむ。

デザイン例・3
リセットするローライト
●ファッション剤で、明度を落ちつかせるためのローライト。1～1.5か月後には色落ちしてワンメイクに戻る。

育ち上がった既染部
●**新生部**：常に8～9レベルのグレイ剤でリタッチ。
●**既染部**：くすまず濁らず、グレイ剤ではなくファッション剤やヘアマニキュア等で対応できる状態を、常にキープし続けるデザインメニューを組む

ずっとファッションカラーのように明るく、透明感のあるカラーを楽しむことができる

●デザイン例
（1～1.5か月後には、「育ち上がった既染部」に戻る）

デザイン例・4
リセットするホイルワーク
●薬剤設定で、メラニンを壊さないハイライト、色素が残らないローライトを計算し、1～1.5か月後にはリセットするデザインにする

デザイン例・5
休息カラー
●アルカリカラー剤と併用できるタイプのマニキュアを選択し、ツヤと手触りを回復させる回を作る

デザイン例・6
ゾーンで塗り分け
●アンダー、ミドル、トップで塗り分けて、ナチュラルコントラストやデザインを楽しむ。

●テクニックと考え方のポイント

1 既染部をファッションカラー剤で育てて、新生部をグレイ剤の8〜9レベルで対応できる状態にする

●既染部をファッションカラー剤で対応し続けた場合

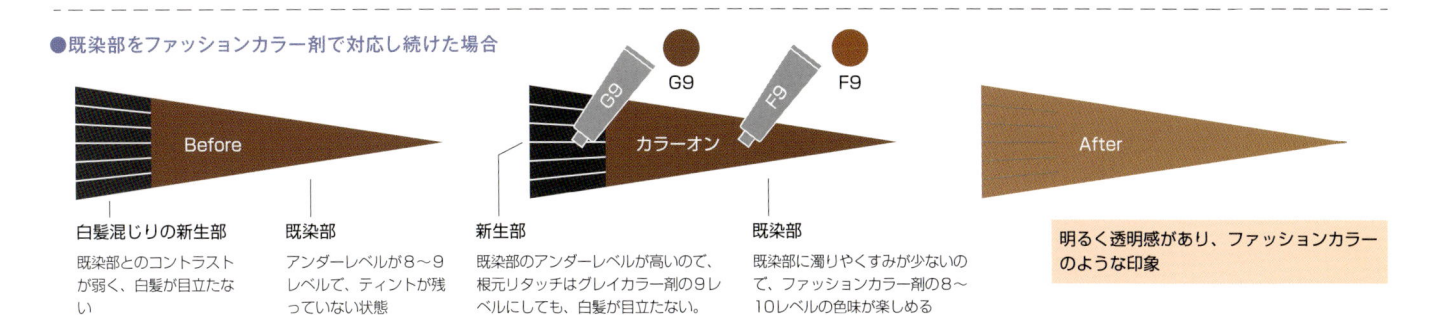

Before
- 白髪混じりの新生部：既染部とのコントラストが弱く、白髪が目立たない
- 既染部：アンダーレベルが8〜9レベルで、ティントが残っていない状態

カラーオン（G9／F9）
- 新生部：既染部のアンダーレベルが高いので、根元リタッチはグレイカラー剤の9レベルにしても、白髪が目立たない。
- 既染部：既染部に濁りやくすみが少ないので、ファッションカラー剤の8〜10レベルの色味が楽しめる

After
明るく透明感があり、ファッションカラーのような印象

---

2 様々なデザインを提案しても、1〜1.5か月後にはもとの状態に戻す薬剤設定を続ける

●2nd Step：育った既染部を、そのままの状態でキープし続ける

Before（褪色時）
- 白髪混じりの新生部：余分な色素を蓄積させない
- 既染部：既染部のアンダーレベルを8〜9レベルに育てて、ずっとキープし続ける

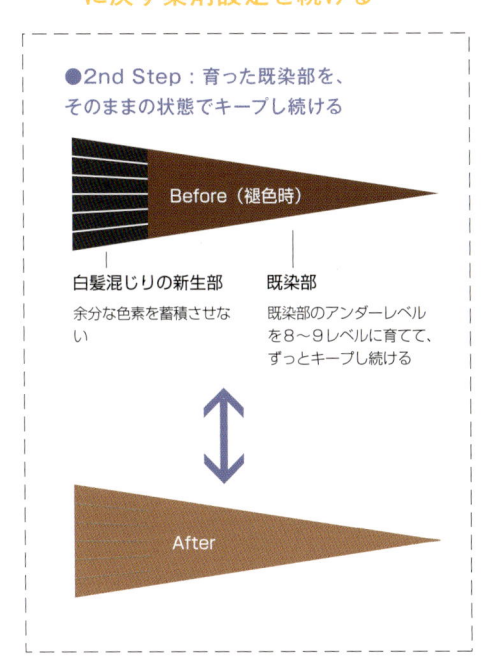

After

---

3 リセットするローライト＆ハイライト

育てたベースをキープし続けるためには、1〜1.5か月後にはリセット（褪色時にワンメイク状態に近づく）するホイルワークを行う。そのためローライトには必ずファッションカラー剤を用いる。ハイライトはメラニンを削らず色素のみ削る感覚で、短時間に。

before（褪色時） → 今回の仕上がり → 1か月後の仕上がり（ほぼワンメイクの状態に戻る）

---

4 意識的に色を入れない「休息カラー」も必要

長期間継続するグレイカラーは、残留ティントが溜まりがち。だから時には根元リタッチのみ、ハイライトのみにしたり、1か月くらいで落ちるように設計されたマニキュアタイプを使うなどして、意識的に色を入れない「休息カラー」の回を作る。

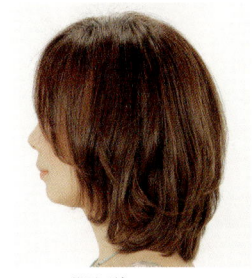

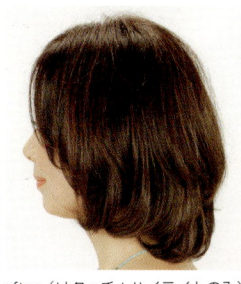

before（褪色時）　after（リタッチ＋ハイライトのみ）

---

5 「褪色してもきれい」な状態を作り出す、カラープログラミング

「ベースの明るさ、透明感をキープする」プログラムとは、「いかに白髪を染める」ではなく「いかにきれいに褪色させるか」の発想。毎回、ダメージレスに残留ティントが消えるカラープログラムを組んでいく。

ハイライト直後　30回シャンプー後

---

6 根元に「塗る」のではなく、「置く」だけのリタッチ

リタッチの際、白髪の少ない場所にはグレイカラー剤を薄く、多い場所には多めに「置く」。白髪量を見極めながらパーツごとに塗布量を調整。ブリーチ剤やファッションカラー剤も、残留ティントが多い中間部には多めにするなど、パーツで塗布量を変える。

▶これは「塗布量やや多め」の場合。ハケを60度でしならせて「置く」リタッチ。

---

7 グレイカラー設定ではなく、ファッションカラー設定の薬剤セレクト

既染部が8〜9レベルの透明感のあるベージュ系に育ったら、そこから先は、何度カラーしても、その状態をキープしていく。基本的に新生部は高明度のグレイ剤で（既染部には極力塗らない！）、既染部はファッション剤で対応していく。ホイルデザインも含め、既染部のカラー設計は、ファッションカラーの設定で行うことが大切。

PROGRAM.2 - GUIDANCE

既染部を「キープする」ための塗布テクニック

せっかく育てた既染部を再び暗くくすませたり、ダメージさせたりしないためには、既染部の塗布テクの正確さやホイルワークの工夫、乳化の仕方も重要です。
P14~17のリタッチテクと共に、こちらの既染部の塗布テクも再確認をしてみましょう。
この二つがあって、「キープ」が可能になります。

全頭の塗布が終了した状態。パネルをしっかりと上に引き上げて塗布すれば、重ねたときに、根元がふんわりと浮いた状態になる

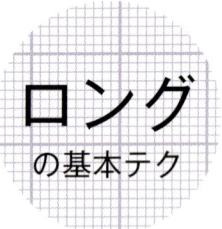

ロングの基本テク

新生部は3センチと仮定。
根元リタッチ後の、既染部への塗布の仕方です。

CHECK 2パネル分を1パネル（厚さ約3センチ）で取るのが基本。

CHECK ハケを60度にして伸ばす。

1 テールの先端を地肌に当てないように気をつけながら、パネルの間に差し込み、

2 パネルとパネル間の空間を開ける。

3 コーミングしてパネルを広げ、新生部と既染部の境目がきちっと見分けられる状態にしておく。

4 薬剤塗布。新生部と既染部の境目に、正確にハケをあてる。ここでは普通量の塗布と仮定して、ハケを45度に置き、毛先に向かって60度で少し伸ばす。

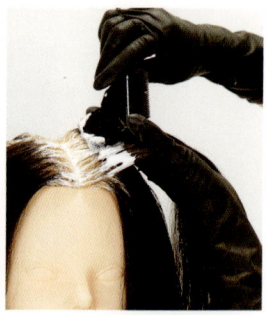

5 後ろ半分も同様に、新生部と既染部の境目に正確に置き、毛先に向けて、少し伸ばす。パネルは引き上げたまま。

6 ここからは③で広げたパネルを少し絞り、いっきに塗布していく。

7 パネルは最後まで引き上げたまま、毛先まで塗布。

8 パネルを立てて、裏面からもチェック。

9 引き上げたまま、毛先まで滑らせ

10 塗り終わったパネルの根元をつぶさず、そっと後方へ置く。

74

グラデーションをつける場合

薬剤量に差をつけることで、ワンタッチの塗布でも微妙なグラデーションをつけることができるテクです。

1. 最初は薬剤を多めにするので、パネルを広げたら、新生部との境目にはハケを45度で置く。

2. ハケをしならせながら、60度で毛先に向かって滑らせる。

3. ここは裏面からも塗布。パネルはしっかり引き上げる。

4. パネルを少し絞り、60度のまま毛先に向かって塗布。

5. 中間は塗布量を普通にするので、ハケの角度を45度に変える。

6. 毛先に向かうにつれて角度を落とし、

7. 多めにしたい毛先側は30度に倒す。

8. ラストは20度→10度と倒して、離す。

9. 裏面からも再度塗布。表面の塗布量に合わせて、裏面も塗っていく。パネルはオンベースに引き上げて塗布。

10. 薬剤を手でもみ込むと、コーミングするよりもダメージが少なく、薬剤を取り除くこともなくしっかり塗布でき、発色が促進。

| 新生部 | 多め | 普通 | 少なめ |

▲このように、1パネルの中で塗布量の差を作り、色味に微妙なグラデーションをつける。

NG パネルを倒さないこと。倒すと塗布幅が広がりやすくなってしまう。

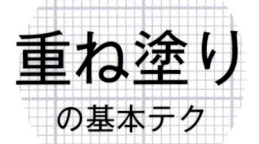

PROGRUM.2 - GUIDANCE

重ね塗り の基本テク

新生部のグレイ剤部分へ、既染部のファッション剤の重ね塗り（その逆の順番もある）は、グレイカラーではよく使うテク。黒髪をリフトさせながらも、白髪をしっかり染めたい場合に有効。

CHECK
60度で滑らせる。

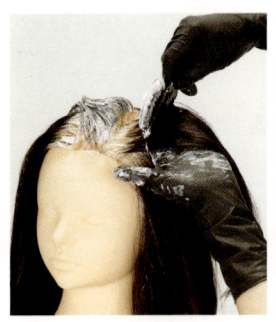

1 まず、根元のリタッチ部分をコームで整える。

2 既染毛に塗布するファッション剤を、根元ギリギリから、ハケを45度にしならせてのせ、

3 60度で滑らせる。

4 パネルを引き上げて、裏面からも塗布。

5 ハケの角度は45度でしならせて入り、

6 根元新生部は、グレイ剤とファッション剤の重ね塗りになった。

7 そのまま中間部へ、45度でファッション剤を伸ばしていく。

8 ハケを60度でしならせて移動させる。

9 パネルを引き上げ、裏面からも塗布。

10 塗布部分は、指でもみ込んでなじませる。

CHECK
徐々に30度に倒しながら、毛先まで伸ばす。

CHECK
塗布し終わったパネルは、根元を浮かせたまま、ふんわりと後ろに置く。

薄くぼかす場合

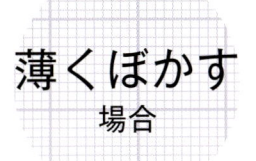

1パネルに対する塗布量は常に均一とは限らず、残留色素の状態などによって、細かく調整していきます。これは既染部全体に少量を薄く塗布したい場合のテク。

CHECK 新生部と既染部の境目をしっかり区別したいので、立てた状態で薄く伸ばしていく。パネルはしっかり引き上げておくこと。

NG パネルをダウンさせてしまうと、塗布量が不正確になり、余分な場所にもつくのでNG。

1. ハケを縦にして根元側に薬剤を置き、薄く伸ばす。
2. 裏面からも、ハケが縦の状態で薄く伸ばす。 
3. 色素を濃くしないように、ファッション剤をハケに少なめ（1/3以下）に取り、ハケをしならせずに中間部に向かって滑らす。パネルは引き上げた状態をキープ 
4. そのまま毛先まで、ハケを滑らせながら薄付きにしていく。 
5. 同様に、裏面からも薄く塗布。 

ショートの場合

ロングとの違いは、最初の十字段階から、ネープ部分は空けておくこと。これはネープが暗く沈むことを防ぐため。

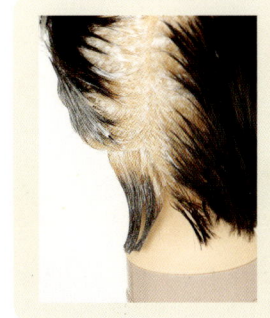

NG このように、首筋に付いてしまうとお客様が不快になる。

1. 空けておいたネープはハの字スライスを取る。ショートの場合、スライスを厚くすると塗布量にムラが生じるので、0.5センチの薄めスライスで塗布していく。
2. パネルはしっかり広げて、既染部との境目が見えるようにしてから塗布すること。ハケは45度で入って、0度で離す。 
3. 長さが短くても、ハケの角度を変えて塗布していくがポイント。 
4. 塗布終了。 
5. ネープの根元は、必ずパネル状に浮かせて放置。横からみるとこのように浮いた状態になる。

PROGRUM.2 - GUIDANCE

グレイヘアのホイルテクニック

瀧本流アンチエイジングカラーのホイルワークは、グレイヘアのための「リセットするハイライトとローライト」が基本。
そのためによく使う、テクニックと手順、薬剤選択のポイントを説明します。

●ホイルワークとリタッチの順序

PROCESS A　1 ホイルワーク ＞ 2 根元リタッチ
- 新生部3センチ未満、白髪率が10％以下の場合
- ローライトの場合（白髪をひろうようにチップを取る）
- ハイライトの場合（明度がリフトしにくいベースのとき）
- ホイルの効果をよりはっきり出せる

PROCESS B　1 根元リタッチ ＞ 2 ホイルワーク
- 新生部3センチ未満、白髪率が15％以上の場合
- 白髪が表面やヘムライン、つむじ付近に集中している場合
- 白髪をしっかりカバーすることが第一目的となる

PROCESS C　1 ホイルワーク ＞ 2 お流し ＞ 3 ワンメイク
- 色素を削って明度を上げることを第一優先させたい場合

PROCESS D　1 ワンメイク ＞ 2 お流し ＞ 3 ホイルワーク
- まず白髪をしっかり染めることを第一優先させたい場合
- デザインではなく、明度の調整のためのホイルワーク
- 施術直後はあまり明るくならないが、次回、褪色によって明度が上がっている。次回にデザインチェンジするための「仕込み」

●アンチエイジングカラーでよく使うホイルテクニック

ずらしホイル

根元1センチをはずしてハイライトを入れた後、薬剤がついた状態で、ホイルを毛先側に3センチずらして、新生部と既染部の境目を出す。この状態でリタッチすると、境目が自然になる。

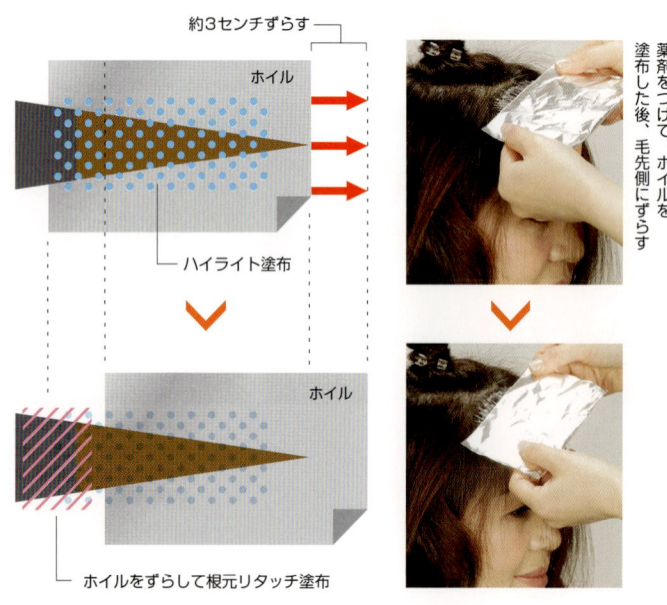

約3センチずらす
ホイル
ハイライト塗布

ホイル
ホイルをずらして根元リタッチ塗布

薬剤をつけて、ホイルを塗布した後、毛先側にずらす

インナーハイライト

内側にだけ、細かいウィービングで入れるハイライト。既染部を育てるときに、残留色素を削って明度を上げるために使う。内側から透けて出る明るさを狙う。
メラニンを削りすぎず、色素だけ削る薬剤設定とタイムで、1か月後にはベースになじむ「リセットするハイライト」

表面の状態　　内側の状態

ミルフィーユ塗布

ロングの場合に使う。ホイルの上で幾層にも折りたたみながら、裏も表もまんべんなく薬剤を塗布していくテク。

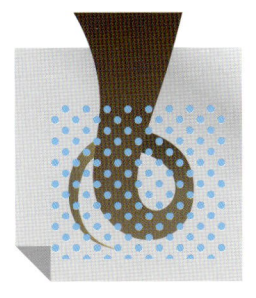

ハイライトの薬剤の優先順位

初めての方や、グレイ剤の色素が蓄積してどのくらいリフトする髪なのか分からない場合は、初回は脱染剤を使ったほうが髪を傷めずに明るくできる。ある程度の明るさが出ている方なら14レベルのファッション剤を使うことが多い。常連の方で、リフト具合が計算できる方なら、ブリーチ剤で、短時間で仕上げてもいい。グレイヘアのハイライトははなるべくリスクを回避した薬剤選択をする。

1. 脱染剤
2. 高明度のファッションカラー剤
3. ブリーチ剤

既染部を守る乳化テク

ホイルワークをした場合は、色を混じらせないように乳化する必要があります。
乳化の仕方次第で、染料の入り具合やツヤ感、色持ちが違ってきますので、繊細に行いましょう。

1. ホイルワークの場合は、ホイルをつけたまま、根元リタッチ部分の乳化を行う（ホイルを外すと、ハイライト部分に色が入ってしまうため）

2. フェイスラインの生え際から、指の腹で乳化していく。顔周りに付着したグレイ剤をきれいに落とす感覚で。

3. グレイの多い生え際は、染料を深く浸透させたいし、フェイスラインの薬剤もきちんと落としたいので、しっかり乳化する必要がある。

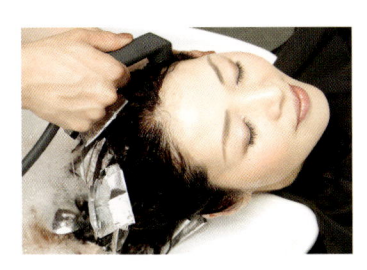

4. 生え際の皮膚からも、薬剤をきちんと落としきる。

5. このようにグレイ剤を取り去ったら、ホイルをはずす。

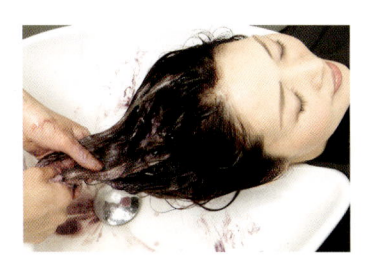

6. 毛先側をよくもみこんで乳化。

7. カラー専用のアフタートリートメントを塗布。色の定着を保湿のために、タンパク質を補給しておく。

8. 中間から毛先にかけて塗布し、指の腹でまんべんなく伸ばしていく。

9. 発色を促進、定着させるために、しっかりともみこんで浸透させる。

PART.2 育てた既染毛をキープする

MODEL CASE **F**

硬毛でリフトしづらく、透明感の出にくい髪質

DESIGN **1**

アッシュ
バイオレット系
7.5
level

ハイライト＆
高明度ファッション剤
で寒色系へ移行

赤みの強い髪なので、アンダーセクションとサイド、フロントにバイオレット系のハイライトを入れて、全体に寒色系の色味を感じさせながら、毛先に向かって明るくなるようにグラデーションをつける。

cut: Takayuki Yamamoto
make-up: Mie Ihara

BEFORE

> ▶ Next Plan
> アンダーが
> ベージュ系になったので、
> 寒色系もOK
>
> 既染部の赤みが消え、9レベルの
> ベージュ系になっている。次回は
> 高明度のリタッチだけでもいいし、
> 暖色系、寒色系、どちらの色味も
> 選べる。寒色系を続けたいなら、
> 赤みを蓄積させないことが大切。

DESIGN 2

アッシュ
ベージュ系
8.5
level

ハイライト＆
アクセントカラーで、
明度アップ＋色相チェンジ

さらに明度を上げながら透明感をアップさせ、ベージュ系にチェンジ。ハイライトとアクセントカラーのローライトを追加し、明るさを強調。既染部はシルバー系で赤みを抑え、色調を変える。

cut: Takayuki Yamamoto
make-up: Mie Ihara

BEFORE

[MODEL F−1 DESIGN] ホイル＆高明度ファッション剤で寒色系へ

BEFORE → AFTER

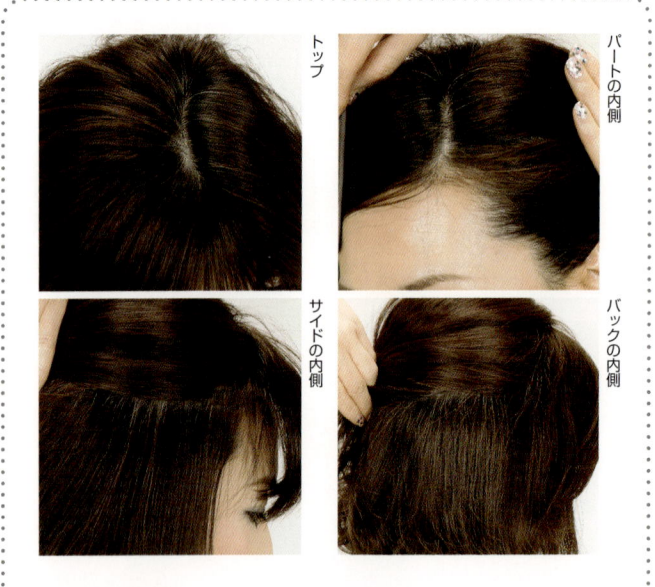

トップ／パートの内側／サイド／バックの内側

Beforeの分析
- 太くて硬毛、ややクセがある髪質。間充物質がしっかりと入っているので色は入りやすいのだが、赤みが出やすく、透明感が出しにくい。褪色時も赤みが強く出てくる。
- 新生部は3.5センチで白髪率は15〜20%。こめかみとパート部分にやや集中。現在は、既染部が8レベルのブラウンに褪色。明るさを保ちつつ、ここから寒色系にチェンジすることが希望だが、いっきに変えるには難しい髪なので、無理なくシフトできるデザイン設定を考える。

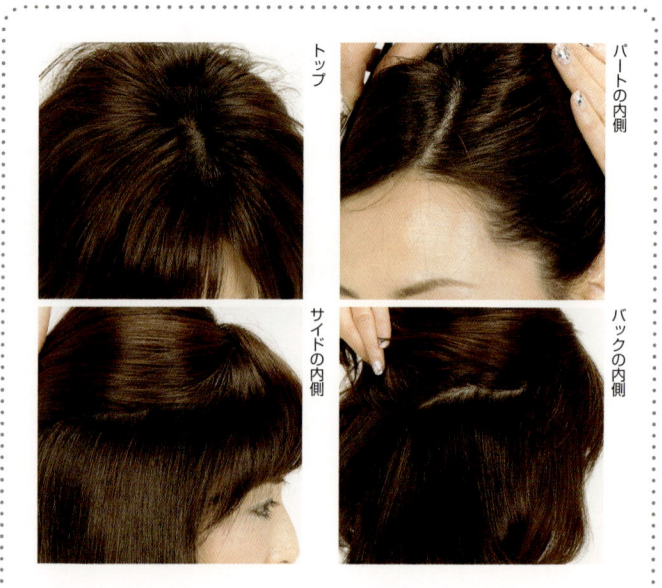

今回のテクニック
- まずは赤の色素を取り除き、明るさと透明感を出していく方向で考える。
- 今回は、アンダーセクションとサイド、フロントに青みがかったバイオレット系のハイライトを入れて、全体を寒色系にしながら、毛先に向かって明るくなるようにグラデーションをつける。アンダーとサイドは細かいウィービングによるハイライトを入れ、全体の色調と明るさの印象を変える。フロントはスライシングによるハイライトでより明るさを作りつつ、顔周りの動きも強調。

施術時間　▼ハイライト 8分　▼根元リタッチ 10分　▼既染部 5分　▼自然放置 20分

育てた既染毛を **キープする**

1. まずはホイルのためにブロッキング。イア・トゥ・イアとバックセンター、トップの5つに分け取る。

2. アンダーセクションを斜めスライスで取り、ファッション剤のバイオレット系13レベル（薬剤A）で0.5：0.5：0.5のウイービング。

3. 「ずらしホイル」（P78参照）にするので、まずホイルを普通に折って、

4. そのままホイルを、根元新生部と既染部の境目が見えるところまで引き下げる。

5. このように薬がついた状態でホイルをずらし、根元との境目を空けると、リタッチの際に根元と新生部の接合点を正確に塗り分けられる。

6. この要領で左右に5枚ずつ、ウイービング・ハイライトを入れる。塗布量は普通で、均一に塗布。

7. サイドにもウイービング・ハイライトを入れる。ここもバックと同様に0.5：0.5：0.5のウイービング。

8. サイドは左右3枚ずつホイルを入れた。

9. フロントは厚さ0.8センチで、毛流れに沿った斜めスライスを取り、ウイービングと同じ薬剤（薬剤A）でスライシング・ハイライト。塗布量は普通量で均一。

10. この要領で、ヘビーサイドに4枚、ライトサイドに2枚のスライシング・ハイライトを入れた。ここも「ずらしホイル」にする。

11. 根元リタッチ。グレイ剤のアッシュブラウン系7レベル（薬剤B）で、薬剤量は普通で均一にリタッチしていく。ずらした根元との境目をきっちり分けて塗布。

12. ホイルがあるので、サイドのリタッチは縦スライスで取っていく。

13. 根元リタッチ終了。

14. 既染部はファッション剤のバイオレットアッシュ系12レベル（薬剤C）を塗布。パネルを引き上げ、きちんと広げながら塗布。

15. 既染部の塗布終了。自然放置20分。

薬剤データ

薬剤A…アルーリア ファッション バイオレット14とインテンス レッドを4：1 オキシ6％ 2倍量

薬剤B…アルーリア クールブラウン5とアッシュブラウン9を1：3 オキシ6％

薬剤C…アルーリア ファッション バイオレット12とアッシュブルー12を1：1 オキシ6％ 2倍量
（すべてロレアル プロフェッショナル）

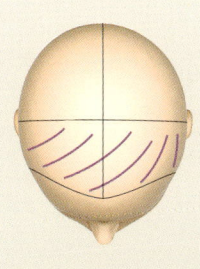

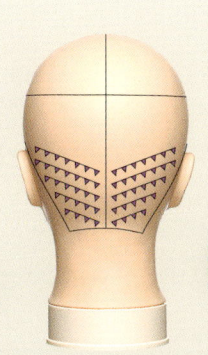

スライシング＆ウィービング
ファッションカラー
バイオレット系 13レベル

新生部
グレイカラー
アッシュブラウン系 7レベル

既染部
ファッションカラー
バイオレットアッシュ系 12レベル

[MODEL **F** − DESIGN **2**]　ハイライト＆アクセントカラーでチェンジ

BEFORE → AFTER

トップ　サイドの表面　ホイルワークの状態　ホイルワークの状態

Beforeの分析
- 新生部は2センチ。太く硬毛で、色素は入りやすいが赤みの出やすい髪質。白髪率は15〜20％。こめかみとパート部分にやや集中している。ただし明度が上がったので、前回よりは目立ちにくくなっている。
- 前回、トップとアンダーにハイライトを入れ、既染部を高明度の寒色系でカラーし、全体の印象を寒色系にシフトさせた。褪色した現在は、既染部のベースが10レベルのブラウン、ハイライトが12レベルのオレンジベージュ系になっている。今回はさらに赤みを消すと共に、もう1レベル上げて透明感を出していく。

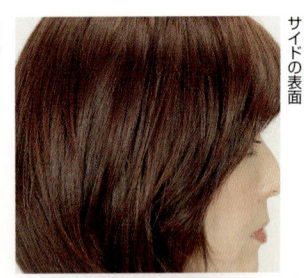

今回のテクニック
- 今回はさらに明度を上げ、透明感のあるベージュ系にもっていく。アンダーとトップにハイライトを追加。同時にアクセントカラーとしてのローライトもハイライトと交互に加える。さらに明度と色相をチェンジ。育っている既染部は、赤みを出しすぎないようにシルバーの10レベルを乗せることで、レベルを変えずに赤みをまろやかに抑えて、透明感を引き出す選択をする。
- ベースのレベルは変えないが、ハイライトで全体の明度が上がった印象になり、色相もチェンジする設計。

施術時間　▼ホイルワーク 5分　▼根元リタッチ 10分　▼既染部 5分　▼自然放置 20分

育てた既染毛を キープする

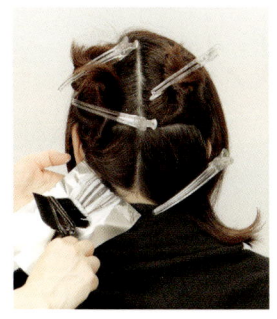

1 まず2セクションでブロッキング。ネープからファッション剤のゴールド14レベル（薬剤A）で、根元ギリギリから0.8：0.8：0.8のウイービング・ハイライト。

2 ウィービングで落とした部分に、ローライトを入れる。ハイライトとローライトが交互に重なるかたちになる。

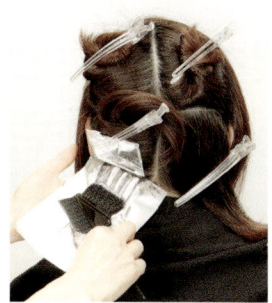

3 0.8：0.8：0.8のウイービングで落とした部分に、ファッション剤のマホガニー8レベル（薬剤B）を塗布。

4 このハイライト2枚とローライト1枚を1セットとする。

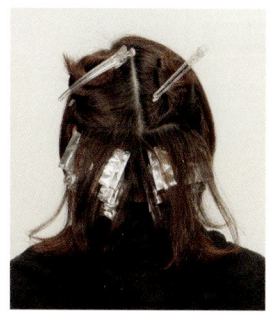

5 左右のバックに4セットずつ入れる。

6 トップはひし形に近い馬蹄形のセクションを取る。

7 根元1センチを外して、ファッション剤のゴールド14レベル（薬剤A）0.5：0.5：0.5でウイービング・ハイライト。

8 バックと同様、ウイービング・ハイライトで落とした部分にはローライト。

9 ファッション剤のマホガニー9レベル（薬剤B）でローライトを入れる。

10 セクションの辺と辺の間は指一本分、空間を空ける。

11 ライトサイドには1セット、ヘビーサイドには2セットのホイルを入れた。

12 トップバックは左右1セットずつ入れた。

13 根元リタッチ。グレイ剤のアッシュゴールド系7.5レベル（薬剤C）をやや多めに塗布していく。

14 既染部はファッション剤のプラチナアッシュ系の10レベル（薬剤D）を中間部に多めに塗布。パネルをしっかり引き上げて、裏面からも塗布していく。

15 塗布終了。既染部と新生部は正確に塗り分けること。自然放置20分。

薬剤データ

薬剤A…アルーリア ファッション ゴールド14 オキシ6％ 2倍量
薬剤B…アルーリア ファッション マホガニー8 オキシ6％
薬剤C…アルーリア ファッション アッシュブラウン9とゴールドブラウン5を4：1 オキシ6％
薬剤D…アルーリア ファッション シルバー10 オキシ6％ 2倍量
（すべてロレアル プロフェッショナル）

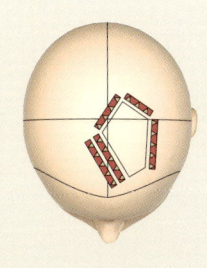

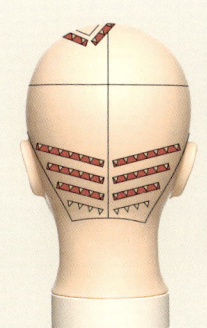

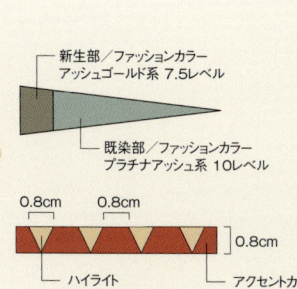

新生部／ファッションカラー アッシュゴールド系 7.5レベル
既染部／ファッションカラー プラチナアッシュ系 10レベル
ハイライト ファッションカラー ゴールド系 14レベル
アクセントカラー ファッションカラー マホガニー系 8レベル

PART.2
育てた既染毛を
キープする

MODEL CASE
G

硬毛でクセ毛、リフトしにくくパサつきやすい髪質

DESIGN
1

クール
ベージュ系
9
level

既染部に色を足さず、白髪の浮きはローライトでカバー

育ったベースをキープしたいので、今回は根元をグレイ剤のゴールドオレンジ系9レベルでリタッチした後、既染部の白髪が浮いて見える部分は、ファッション剤でウイービング・ローライトを入れてぼかす。

cut: Hirokazu Kobayashi
make-up: Mie Ihara

BEFORE

▶ **Next Plan**
9レベルのグレイ剤で
リタッチ。
寒色、暖色どちらもOK

透明感が出たので、次回は新生部を9レベルのグレイ剤でリタッチし、既染部はファッション剤で色味を入れる。沈みやすいため、ときどき根元リタッチや休息カラーをはさみながら、この状態をキープ。

DESIGN
2

スモーキー
ベージュ系
9.5
level

顔周りのハイライトと
マニキュアで
ツヤ&質感チェンジ

根元リタッチ後、フロントにスライシング・ハイライトを入れて明るさを出し、既染部はマニキュアの「休息カラー」。全体にツヤを出して、質感をチェンジするカラーデザイン。

cut: Hirokazu Kobayashi
make-up: Mie Ihara

BEFORE

87

[MODEL **G**－DESIGN **1**] 色を足さず、白浮きはローライトでカバー

BEFORE → AFTER

トップ／サイドの内側／バックの内側／ホイルワークの状態

Beforeの分析
- 硬毛で太くクセ毛、新生毛は約2センチで白髪率は約40％。リフトしづらく白髪が染まりにくいが、一度入ると色素が残りやすい髪質。
- 前回、9レベルのベースに、ウイービングによるフルハイライトを入れて、褪色時にもう1レベル上がるようにカラリング。1か月後の現在、褪色して、既染部のアンダーは予想通り、オレンジブラウンの10レベルになっていてくすみも消えている。「キープする」デザインを提案できる状態だが、リフトしづらい髪質なので、明度が下がらない薬剤設定を心がける必要がある。

今回のテクニック
- 育ったベースをキープしていきたいので、今回は根元をグレイカラー剤のオレンジ系9レベルでリタッチした後、既染部の白髪が浮いて見える部分は、ファッションカラー剤のゴールド系6レベルでウイービング・ローライトを入れてぼかす。
- あえて既染部全体に色味を足さない回をつくることも、キープしていくためには大切な選択。1か月後は褪色してコントラストが弱まり、ワンメイクに近くなっていると予測。

施術時間　▼根元リタッチ 12分　▼ローライト 4分　▼自然放置 25分

育てた既染毛を **キープ**する

1 パート際からグレイカラー剤のオレンジ系9レベル（薬剤A）で、根元リタッチ。育った既染部をキープするため、「置くリタッチ」で。

2 まずは十字にリタッチ。このようにきっちり新生毛部分にだけ塗布。既染部が育ったので、塗布量は普通量でOK。

3 白髪率が高いので、両面にまんべんなく塗布。スライスは厚さ1センチで取る。耳上は、斜め上に引き上げて、ハケを水平に当て、薬剤を「置く」感覚で塗布。

4 もみあげ部分もしっかり上に引き上げ、パネルをめくって、ハケの先端で薬剤を置く。

5 バックは斜めスライスで取り、パネルを上に引き上げて。

6 ハケをしならせるようにしながら薬剤を置き、新生毛部分まででしっかり止める。

7 裏側を塗るときは、パネルをしっかり上に引き上げて、支えながら塗布。手前に押し付けてしまうと、既染部に薬剤がついてしまうので注意。

8 裏側を塗るときは、ハケはこのように「しならせて、止める」感覚で操作する。

9 根元リタッチ終了。このまま続けてローライトを入れていく。

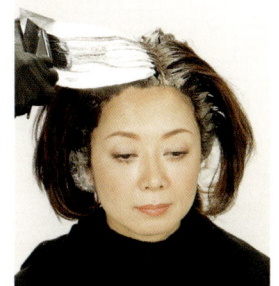

10 ラインが濃く出過ぎないように、ファッション剤のゴールド系6レベル（薬剤B）で、0.5：0.5：0.5のウイービングのローライトを入れる。

11 バックも表面から入れていく。表面になる部分には、白髪ぼかしと共に立体感を出すデザイン効果を狙っている。

12 ヘビーサイドには8枚、ライトサイドには6枚、トップには6枚のホイルを入れた。沈みやすいミドルセクションには入れないことがポイント。

13 ネープはレイヤーの毛先に出てくる部分なので、1：1：1の太いウイービングでローライトを入れ、トップのローライトの毛先とつなげる。

14 ホイル終了。フロントのライトサイドに5枚、ヘビーサイドに8枚のホイルを入れた。

15 今回は既染部には色をいれない。自然放置25分。

薬剤データ

薬剤A…アルーリア カッパーブラウン9　オキシ6%
薬剤B…アルーリア ファッション ゴールド6　オキシ3.7%
　　　（すべてロレアル プロフェッショナル）

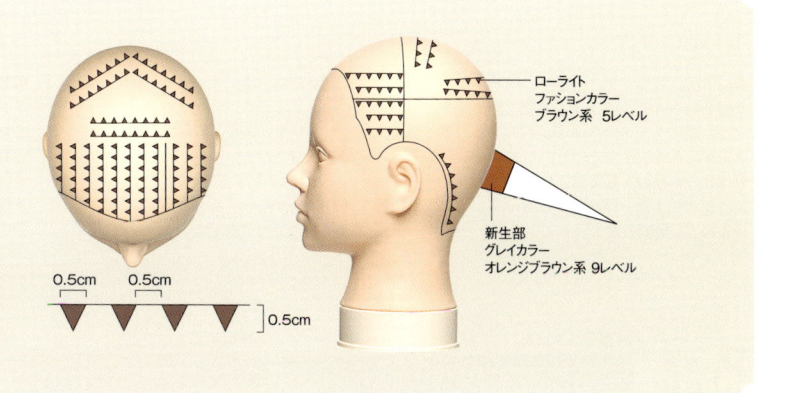

ローライト
ファッションカラー
ブラウン系 5レベル

新生部
グレイカラー
オレンジブラウン系 9レベル

0.5cm　0.5cm　0.5cm

[MODEL G － DESIGN 2] ホイルとマニキュアでツヤ&質感チェンジ

BEFORE → AFTER

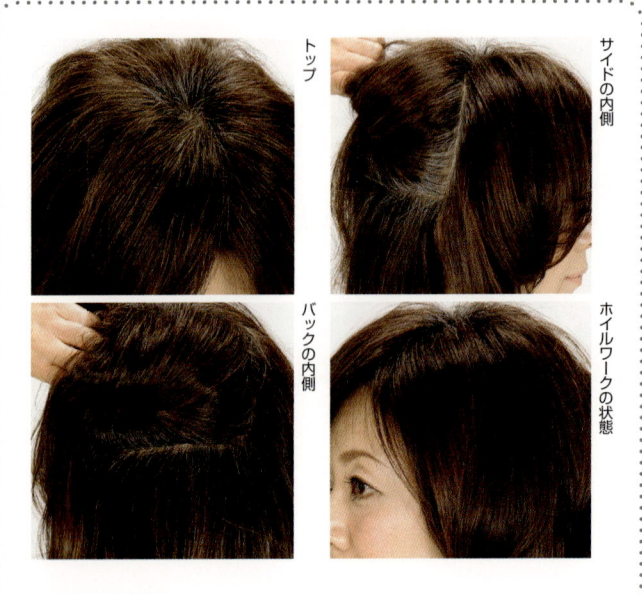

トップ　サイドの内側　バックの内側　ホイルワークの状態

Beforeの分析

- 新生部は3センチ、白髪率は40%。前回、根元をグレイ剤のゴールドオレンジ系9レベルでリタッチした後、既染部の白髪が浮いて見える部分は、ファッション剤のチェスナット5レベルでローライトを入れてぼかした。あえて既染部全体に色味を足さなかったことで、明るく透明感が出た状態をキープ。
- 褪色した現在、既染部は9.5レベルのオレンジベージュ系、ハイライトは12レベルのイエローブラウンになっている。順調に明度と透明感がキープできているので、今回は逆にこれ以上明度を上げず、ツヤと質感を向上させる選択に。

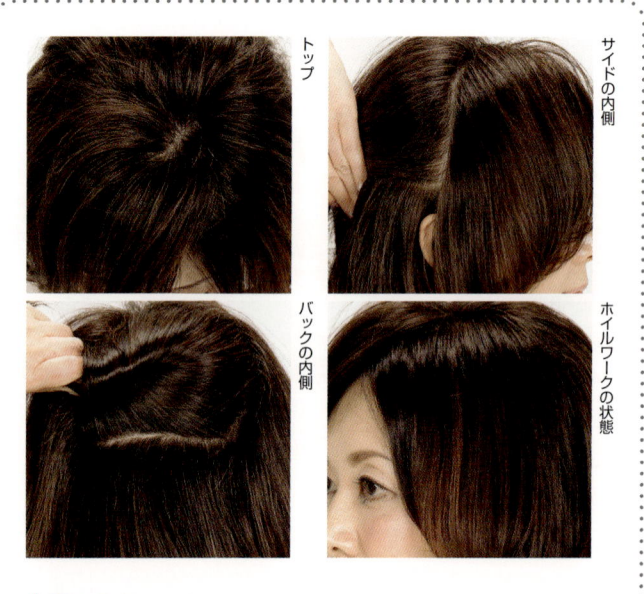

今回のテクニック

- 育った既染部をキープし続けるために、今回は根元リタッチ後、フロントにスライシング・ハイライトを入れて明るさを出し、既染部はマニキュアという「休息カラー」を行う。ハイライトは、4か月前に入れた位置がずれた分を補いたいので、塗布量は中間部を多めに、毛先は薄めにコントロール。
- 色味を作るというより、髪の負担を和らげると共に、全体にツヤを出して、質感をチェンジするカラーデザイン。アルカリカラー剤とマニキュアの併用の際は、新生部と既染部の塗り分けが重要。基本のリタッチテクを正確に行う。

施術時間　▼根元リタッチ 10分　ハイライト 3分　▼既染部 8分　▼自然放置 20分

育てた既染毛を キープする

1 高明度のグレイ剤でリタッチしていくので、頭皮の保護剤を塗布の後、新生部に前処理剤（薬剤A）を塗布して、カラーの発色を高めておく。

2 根元リタッチ。グレイ剤のナチュラルブラウン系8.5レベル（薬剤B）で、塗布量多めの「置く」リタッチ。白髪を染めるというより、黒髪をリフトする意識で。

3 まず十字にリタッチし、これを目安に全頭リタッチ。

4 パネルを引き上げて、裏面からもリタッチしていく。

5 根元リタッチ終了。

6 根元が伸びたので、4か月前のハイライトがここにスライドしてきている。今回はこの部分にハイライトを追加する感覚で入れる。

7 ファッション剤のペールマット系14レベル（薬剤C）を使用。ハイライトを足したい中間部分にはたっぷりと塗布。

8 逆に、毛先側は薄く塗布していく。

9 1パネルの中で、塗布量が違うので、ホイルは量の少ない部分でいったん折る。

10 さらにもう一度折って終了。これで塗布量の差が混合しない。

11 逆サイドも同様に、中間部は多め、毛先は少なめで塗布。

12 ハイライト終了。ヘビーサイド3枚、ライトサイドは2枚のホイルを入れた。

13 マニキュアの前に、ナノ化CMC主体の前処理剤（薬剤D）を塗布。

14 既染部のバックから、マニキュアのライトブラウン（薬剤E）を塗布する。根元リタッチ部分とはきちんと塗り分ける。

15 塗布終了。自然放置20分。

薬剤データ

薬剤A…シェルパ キャリアオイル
薬剤B…カラーストーリー iプライム　Br-8NB：Br-9NBを1：2　オキシ6％
薬剤C…カラーストーリー iプライム　Ct-14NC　オキシ6％
薬剤D…シェルパ コンディショニングミスト
薬剤E…カラーストーリー オアシック　L-GB：クリアを1：1に、オアシックMCエッセンスを総量の10％混合
（すべてアリミノ）

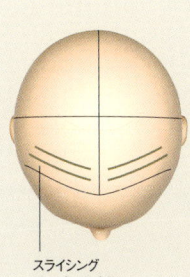

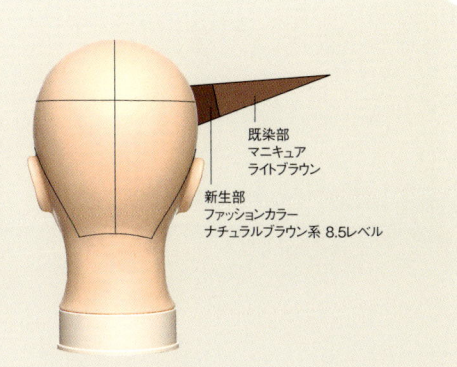

既染部
マニキュア
ライトブラウン

新生部
ファッションカラー
ナチュラルブラウン系 8.5レベル

スライシング
ファッションカラー
ペールマット系 14レベル

PART.2 育てた既染毛をキープする

MODEL CASE **H**

赤味が出てリフトしやすく、白髪の染まりにくい髪質

DESIGN **1**

アッシュブラウン系 **8** level

アッシュ系のゾーンカラーで、赤味を抑えて柔らかく

赤みの強い髪なので、寒色で赤味を打ち消しながら、トップとアンダーで塗り分けるゾーンカラーで、毛先に向かって明るくなるようにグラデーションをつける。

cut: Takayuki Yamamoto
make-up: Mie Ihara

BEFORE

▶ Next Plan
中間から毛先に明るさのグラデーションをつけていく

さらにベースの赤味が薄れていると予測され、暖色系でも寒色系にもチェンジできる状態になっている。基本的に、中間から毛先に明るさのグラデーションが出るようにして、ロングをより美しく見せる。

DESIGN 2

オレンジブラウン系
9 level

ハイライト＆アクセントカラーで、明度アップ＋色相チェンジ

きれいなオレンジブラウン系に褪色している既染部を活かし、根元リタッチとハイライトのみで、カラーデザイン。ロングのダメージ予防と色素の蓄積予防のためには、定期的に「最小限のカラー」を提案していく。

cut: Shinya Tsuchiya
make-up: Mie Ihara

BEFORE

[MODEL H-1 DESIGN] アッシュ系のゾーンカラーで赤味を抑える

BEFORE → AFTER

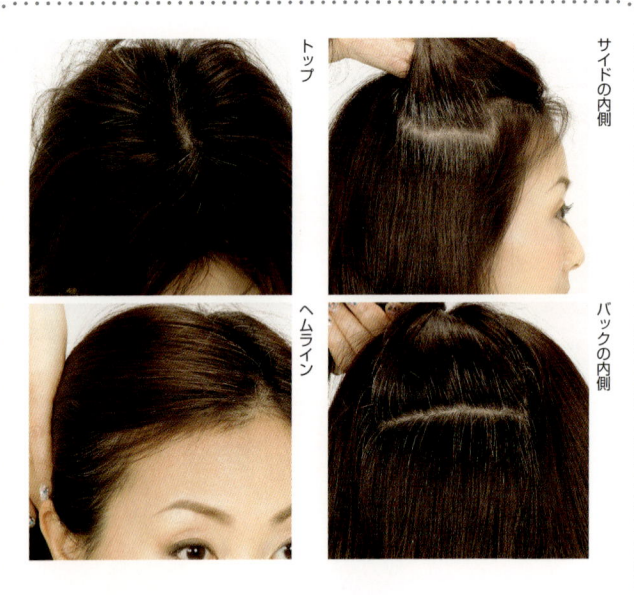

トップ / サイドの内側 / ヘムライン / バックの内側

Beforeの分析
● 柔らかく、ハリとツヤがあり、リフトしやすいが赤味が出やすい髪質。ダメージもなくリフトはしやすい。白髪率は、表面は約20％だが、ハチ下など、内側は部分的に40％を超える。バックの内側は25％　逆にパート際は15％と少なめ。生え際など、目立つ部分にはあまり出ていない。
● 新生毛は約4センチ。既染部がレッドブラウン系7レベルの状態。残留色素が多いわけではなく、もともと褪色すると赤みが出てくる髪。レッド系だと深みが出て透明感が出にくい。

今回のテクニック
● 今回は透明感を出し、髪を柔らかく見せるために高明度のファッション剤の寒色系を提案。リフトさせると赤味が出やすいので、シルバーアッシュ系でベージュ系にシフトさせる。
● トップとその下で、ゾーンによるレベル差の塗り分けをする。トップセクションよりもアンダーが明るくなるグラデーションカラーにすることで、ロングに軽やかな動きと質感が生まれる。根元リタッチは、場所によって白髪率がかなり違うので、そのパーツごとの白髪量に合わせて塗布量を変えていく。

施術時間　▼根元リタッチ 10分　▼既染部（アンダー）8分　4分 既染部（トップ）　▼自然放置 20分

育てた既染毛を キープする

1　白髪を根元からしっかりカバーするので、地肌には保湿効果の高い頭皮用保護クリームを塗布（薬剤A）

2　パートからグレイ剤とファッション剤をミックスしたシルバーアッシュ系7レベル（薬剤B）でリタッチ。パート際の塗布量は普通量で。

3　まず十字にリタッチ。これを目安に、全頭リタッチしていく。

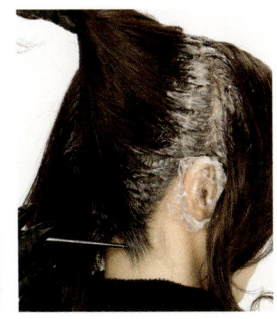

4　みつえり部分は白髪がまったくないので、グレイ剤を塗らない。ここは後からファッション剤でリフトさせる。

5　全頭のリタッチ終了。白髪量によって、塗布量を細かく変えていくことが大切。

6　白髪率40％を超えるミドルセクションの内側にだけ、グレイ剤のブラウン系5レベル（薬剤C）を重ね塗り。白髪率が高い場所の明度を下げずに色持ちを良くする。

7　既染部はゾーンで明度差の塗り分けをするので、トップセクションをV字に、上下にブロッキング。

8　アンダーセクションは、ファッション剤のパールアッシュ系12.5レベル（薬剤D）を塗布。パネルをしっかり広げ、新生部との境目をきちんと塗り分ける。

9　中間部に明るさを作りたいので、塗布量は中間部が多め、毛先は普通量で。

10　ネープは白髪がないので、根元ギリギリから塗布。

11　残しておいたみつえり部分も根元ギリギリから、ワンタッチで塗る。裏面にも塗布する。

12　トップセクションは、ファッション剤のスモーキーゴールド系11レベル（薬剤E）を塗布。裏面からもしっかり塗っていく。

13　根元付近はパネルを広げて、境目を正確に塗り分け、

14　毛先側は毛束を絞って、いっきに塗布する。塗布量は中間部を多めに、毛先は普通量で。

15　既染部のゾーンの塗り分け終了。自然放置20分。

薬剤データ

薬剤A…スティルキャップ
薬剤B…アルーリア アッシュブラウン5と
　　　　アルーリア ファッション シルバー10を1：1　オキシ6％
薬剤C…アルーリア クールブラウン5　オキシ3.7％
薬剤D…アルーリア ファッション シルバー10とアッシュブルー14を
　　　　1：2　オキシ6％　2倍量
薬剤E…アルーリア ファッション シルバー10とゴールド12を
　　　　1：1　オキシ6％　2倍量
　　　　（すべてロレアル プロフェッショナル）

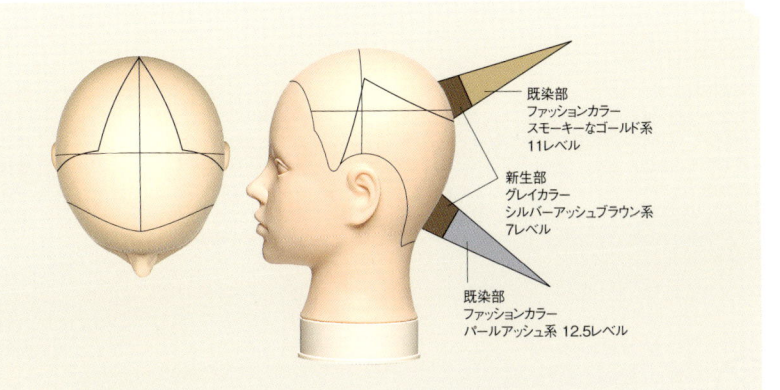

既染部
ファッションカラー
スモーキーゴールド系
11レベル

新生部
グレイカラー
シルバーアッシュブラウン系
7レベル

既染部
ファッションカラー
パールアッシュ系12.5レベル

[MODEL H-2 DESIGN] リタッチとハイライトの「最小限カラー」

BEFORE → AFTER

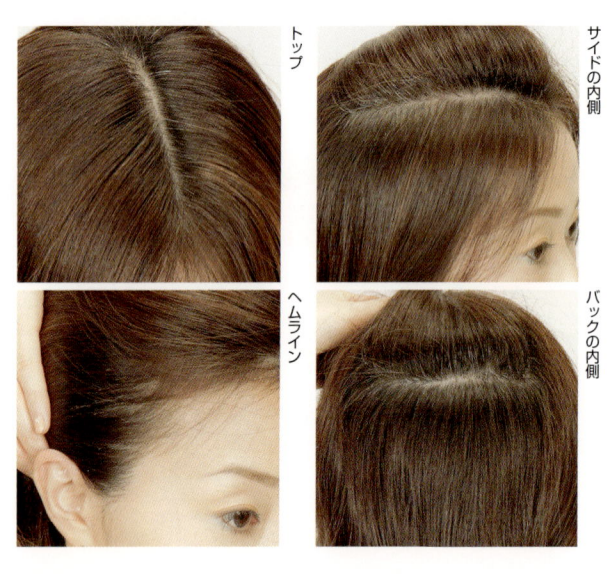

トップ / サイドの内側 / ヘムライン / バックの内側

Beforeの分析
● 前回はシルバーがかったアッシュ系を用いて赤味を抑え、ベージュ系にシフトさせ、ロングに柔らかさを出した。褪色した現在、本来の赤味が復活してきて、オレンジブラウン系の9レベルになっている。ただし約2レベル上がって透明感と明るさが出たため、褪色しても充分きれいな色味になっている。
● 今回はそのベースの色味を活かして、全体をオレンジブラウン系にする。新生部は中高明度のグレイ剤で対応が可能な状態になった。新生部は約2.5センチ。面面の白髪率は約20%だが、ハチ下、パート内側は部分的に40%を超える。

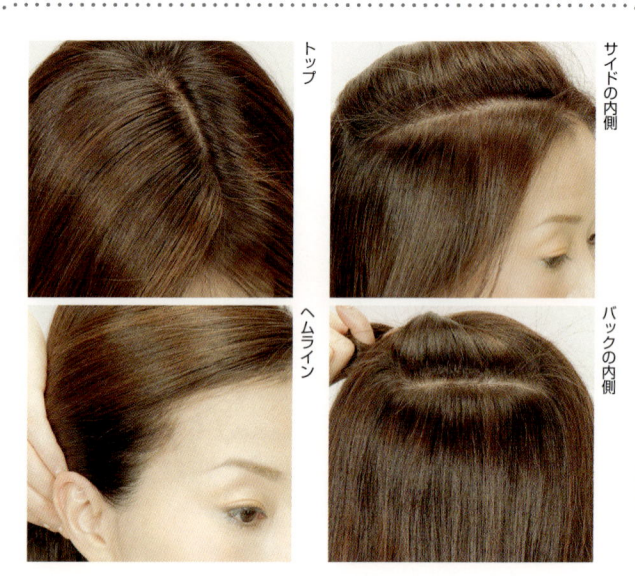

今回のテクニック
● 透明感のあるきれいなオレンジブラウンになっているので、今回はこれをベース色として活かし、根元リタッチとハイライトのみでデザインする。既染部に色は足さない。
● 傷みやすいロングのグレイヘアの場合、毎回フルカラーをしていくことで、かえってカラーチェンジをしにくい髪を作ってしまうことになりかねない。今回のようにきれいな褪色具合のときは透明感のキープと、ダメージ予防のために、最小限のカラーを提案することも大切。

施術時間 | ▼根元リタッチ 10分 | ▼ハイライト 8分 | ▼自然放置 20分

育てた既染毛を **キープする**

1 中高明度のグレイ剤を使うので、頭皮に保護クリーム（薬剤A）を塗布。

2 根元新生部のリタッチ。グレイ剤のオレンジブラウン系8レベル（薬剤B）を塗布。

3 まず十字に塗布。塗布量は多め。

4 バックは白髪が少ない部分なので、塗布量は普通量で。バックはパネルをしっかり引き上げて、新生毛部分にだけ正確に塗布すること。

5 ロングの場合、リタッチ幅を正確にするために、えり足はスライスを細かく取る。みつえりは3等分に分けて、細かく塗布していく。

6 リタッチ終了。

7 フロントからハイライトを入れていく。ファッション剤のオレンジレッド系14レベル（薬剤C）で、0.5：0.5：0.5のウイービング・ハイライト。

8 ヘビーサイドはこの要領で、ホイルを9枚。塗布量多めで、根元から毛先まで均一に塗布。

9 ライトサイドも同様に、ウイービング・ハイライト。

10 ライトサイドはホイル7枚。

11 トップバックにも、センターからハイライトを入れる。ここも0.5：0.5：0.5のウイービング・ハイライト。

12 特に明るさの欲しいネープは、左右を逆ハの字スライスで取り、同薬剤（薬剤C）で、厚さ0.5センチのスライシング・ハイライト。

13 逆サイドも同様にスライシング。

14 バックは左右で3枚ずつ、スライシング・ハイライトを入れた。

15 ホイルワーク終了。自然放置20分。

薬剤データ

薬剤A…スティルキャップ
薬剤B…アルーリア カッパーブラウン9とカッパーブラウン7を1：1　オキシ6％
薬剤C…アルーリア ファッション カッパー14　オキシ6％　2倍量
（すべてロレアル プロフェッショナル）

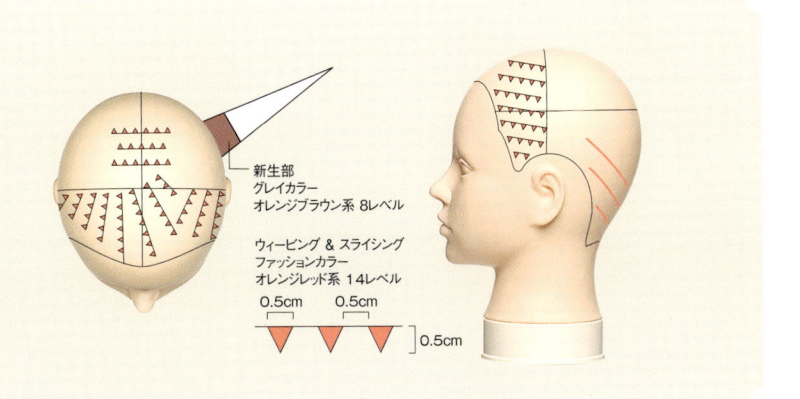

新生部
グレイカラー
オレンジブラウン系 8レベル

ウィービング ＆ スライシング
ファッションカラー
オレンジレッド系 14レベル

0.5cm　0.5cm　0.5cm

PART.2
育てた既染毛を
キープする

MODEL CASE
I

細いがリフトしにくく、色素を吸い込みやすい髪質

DESIGN
1

アッシュ
バイオレット系
9
level

根元リタッチ+ピンク系のアクセントカラーで「最小限カラー」

色素が入りやすいため、吸い込み過ぎると沈みやすいが白髪は浮きやすい髪質。透明感のある状態をキープし続けるために、今回は色素を極力追加せず、根元リタッチとバイオレットピンク系のアクセントカラーでデザインチェンジ。

cut: Takayuki Yamamoto
make-up: Mie Ihara

BEFORE

▶ Next Plan

ベージュ系の透明感を維持するために、色素量をコントロール

白髪が浮きやすいので、時々はトーンダウンもさせながら、この明度をキープしていく。ただし色素が入りやすく、蓄積した色素で沈みやすい髪質なので、常にリセットしやすい薬剤設定を考える。

DESIGN
2

オレンジ
ブラウン系
9
level

オーバーが明るく、アンダーが暗い「逆グラデーション」カラー

白浮き部分には色味を足すが、既染部のほうは、表面のツヤや透明感がちょうど良い状態なので、濃い色味にしたくはない。そこでトップが明るく、アンダーが暗い逆グラデーションにして、顔周りに明るさを出す。

cut: Takayuki Yamamoto
make-up: Mie Ihara

BEFORE

[MODEL Ⅰ－1 DESIGN] 根元リタッチ＋ホイルの「最小限カラー」

BEFORE  → AFTER

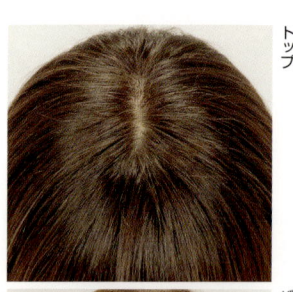

トップ 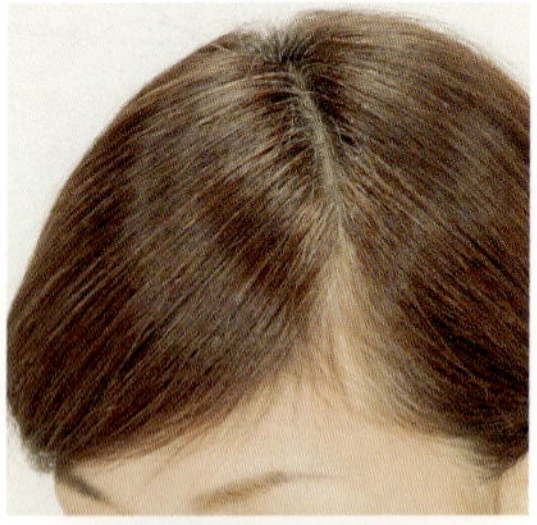　パートの内側
バックの状態 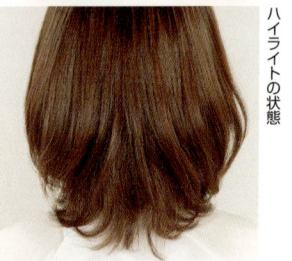　ハイライトの状態 

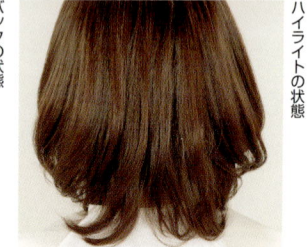

Beforeの分析

- ●「育てる」プログラムから「キープする」デザインに移行してしばらく経った状態。
- ●現在、既染部はベージュ系10レベル、ハイライト部分はゴールド系12レベル。このハイライトは、1か月前にゴールド系14レベルでウイービングを入れたが、褪色した現在、ベースになじんできている。根元新生部は約3センチ。白髪率は全体で約20％だが、顔周りは30％を超える部分もある。後頭部は逆に、10～15％と少ない。もともと軟毛で色味が入りやすいが、白髪が浮きやすい。

今回のテクニック

- ●育てた既染部をキープし続けているので、根元新生部は9レベルのグレイ剤で対応OK。色を吸い込みやすい髪なので、今回は既染部のこの明るさを活かして、既染部には色を入れず、根元リタッチとバイオレットピンク系のアクセントカラーをホイルで入れるのみの「最小限カラー」にする。必要なところを選んで、アクセントカラーを入れていくことで、全体の明度と色相をコントロールするテクニックを用いる。ただしアクセントカラーの薬剤はトナー用のファッション剤を選択して、次回までにはリセットするように配慮する。

施術時間
▼根元リタッチ 10分 ▼ホイルワーク 10分 ▼自然放置 20分

育てた既染毛を キープする

1 白髪の多い生え際から、グレイ剤のグレージュ系9レベルでリタッチ。白髪量が多いので、塗布量は多め、置いて、止める。

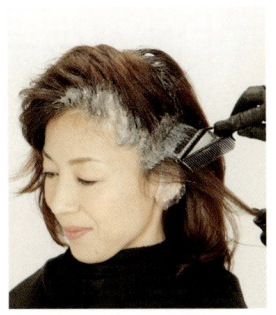

2 もみあげは白髪量が少ないので、ここの塗布量は普通。根元にためない。

3 バックは白髪量が少ないので薄く塗布。

4 全頭の根元リタッチ終了。

5 トップから放射状にダイヤモンドセクションを取り、0.8：0.5：0.5でウイービング。

6 トナー用ファッション剤のピンク系8レベルを、アクセントカラー（薬剤B）として塗布。境目を正確に保ち、新生部にはオーバーラップさせないこと。

7 塗布量は多め。この要領で、1辺に対し5枚のホイルを入れた。

8 逆サイドも同様に、ウイービングのアクセントカラーを入れる。ダイヤモンドセクションの辺と辺の間は1センチ空けて、くっつき合わないようにする。

9 ヘビーサイドは8枚のホイルを入れた。

10 バックもフロント同様、0.8：0.5：0.5のウイービングのアクセントカラーを入れる。

11 ネープのラストパネルのみは、スライシングで塗布量も薄く。

12 この要領で、ダイヤモンドセクションに沿って、ウイービング＋スライシングのアクセントカラーを入れていく。

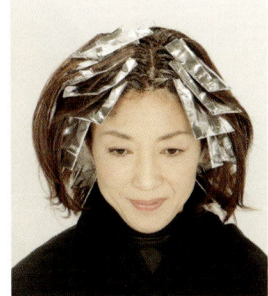

13 ホイルワーク終了。

14 ダイヤモンドセクションの4辺に沿ったスライスは、くっつき合わないように1センチ空けてある。

15 バックは左右とも9枚ずつホイルを入れた。自然放置20分。

薬剤データ

薬剤A…オルディーブ ボーテ b9-cGG オキシ6％
薬剤B…オルディーブ ハーフトーン 8-srMP/H オキシ3％
　　　（すべてミルボン）

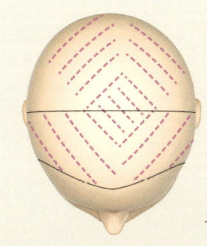

新生部
グレイカラー
グレージュ系 9レベル

ウィービング ＆ スライシング
ファッションカラー
ピンク系 8レベル

0.5cm　0.5cm
0.8cm

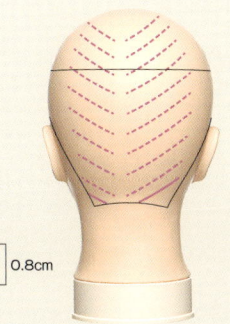

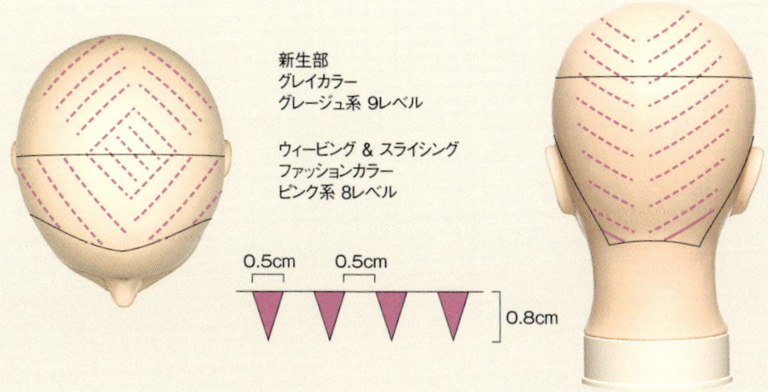

[MODEL I-2 DESIGN] 上が明るく、下が暗い「逆グラデーション」

BEFORE → AFTER

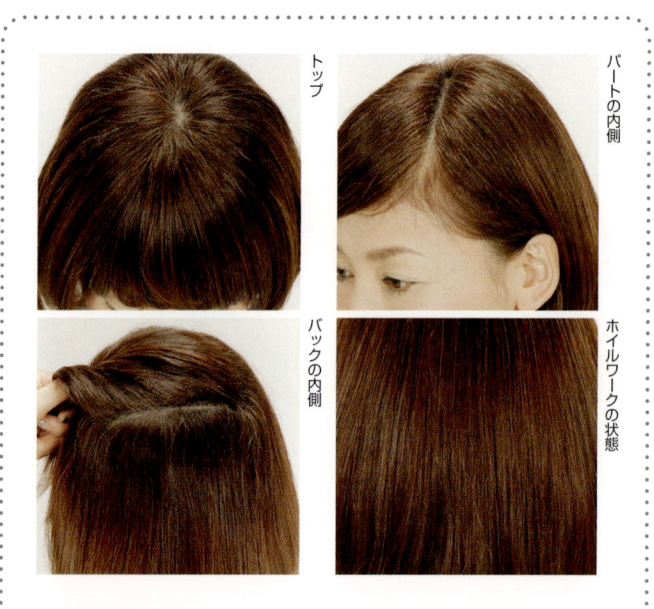

トップ / パートの内側 / バック / ホイルワークの状態 / バックの内側

Beforeの分析
- 前回は、根元新生部をグレイ剤グレージュ9レベルでリタッチした後、トナー用ファッション剤のピンク系でアクセントカラーを入れて、色調をチェンジ。
- やや褪色した現在、全体は9レベルのベージュ系、アクセントカラーを入れた部分は色味が消えてワンメイクに近い状態。前回、既染部のベースをカラーしなかったので、現在は白髪が少し浮いて見える。今回はベースにも色味を加えていく必要がある。根元新生部は約1.5センチ。白髪率は全体で約20%だが、顔周りは30%を超える。後頭部は10〜15%と少ない。

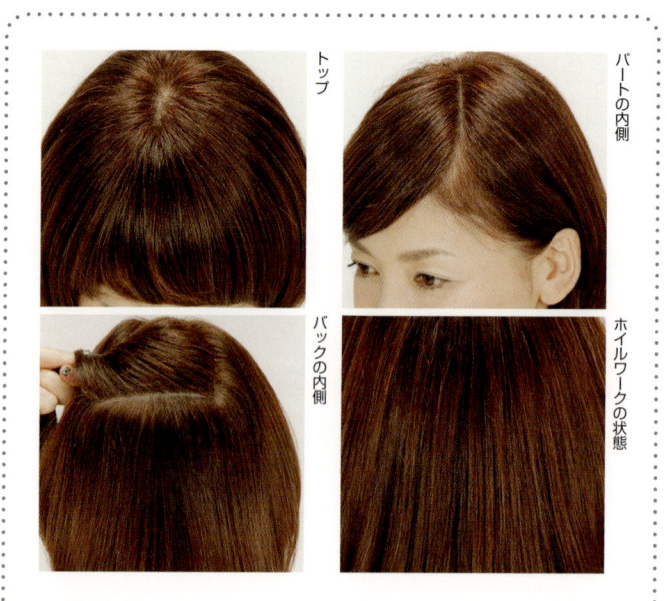

今回のテクニック
- 中間の白浮きが出てきたので、今回はそこに色味を足していく。新生毛は、根元から4センチ分リタッチし、そこにファッション剤を重ねる。新生部と既染部をオーバーラップさせることで、色を入れることとリフトを同時に行う。これは高明度のグレイ剤で対応可能になったからできるテク。
- 既染部のほうは、表面のツヤや透明感がちょうど良い状態になっているので、これをキープしたい。そこで、トップを12レベル、アンダーを10レベルの逆グラデーションにして、顔周りに明るさを出す。

施術時間 | ▼根元リタッチ 8分 | ▼既染部（トップ）8分 | ▼既染部（アンダー）8分 | ▼自然放置 25分

育てた既染毛を キープする

1 グレイ剤のオレンジブラウン系8レベル（薬剤A）で、根元から4センチをリタッチ。今回は既染部にオーバーラップさせる、高明度のグレイ剤なのでOK。

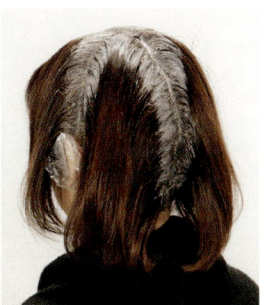

2 まず十字にリタッチ。

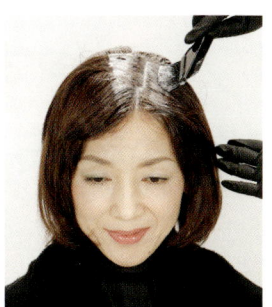

3 顔周りは白髪率が高いので、色素が抜けて明るくなっている。ここも4センチ幅で塗布。薬剤量は普通量で。

4 全頭のリタッチ終了。

5 すべてリタッチ幅4センチで、既染部にややオーバーラップさせていく。

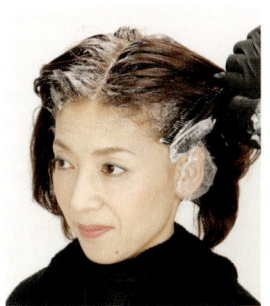

6 顔周りをリフトさせるために、ファッション剤のオレンジ系12レベル（薬剤B）をリタッチ部分に重ね塗り。ただし根元新生部1.5センチは外す。

7 みつえり部分は横スライスで取り、しっかり引き上げて重ね塗り。裏面からもチェックする。

8 同じ薬剤（薬剤B）で、トップセクションの既染部を塗布していく。薬剤量はやや多めで。

9 リフトさせたいので、裏側からもしっかり塗布。

10 トップセクション全体を塗布。

11 アンダーセクションは、ファッション剤のオレンジ系10レベル（薬剤C）で塗布。トップよりもやや濃い目のオレンジ系にする。塗布量は普通。

12 ここは塗布の仕方でグラデーションをつけていく（P75参照）。ハケを60度で入れ、毛先に向かうにつれて60〜0度と変化させて塗布量を変える。

13 アンダーセクションの塗布終了。

14 トップは明るめのオレンジ系にすることで、顔周りが明るくなり、表面の透明感をキープ。アンダーは濃い目のオレンジ系で締める。

15 トップのパネルはふんわりと下ろして、薬剤が混ざらないようにする。自然放置25分。

薬剤データ

薬剤A…オルディーブ　ボーテ　b8-MB　オキシ6%
薬剤B…オルディーブ　13-40と11-40を1：1　オキシ6%
薬剤C…オルディーブ　13-40と11-40に、C8-ORを1：1：1　オキシ6%
（すべてミルボン）

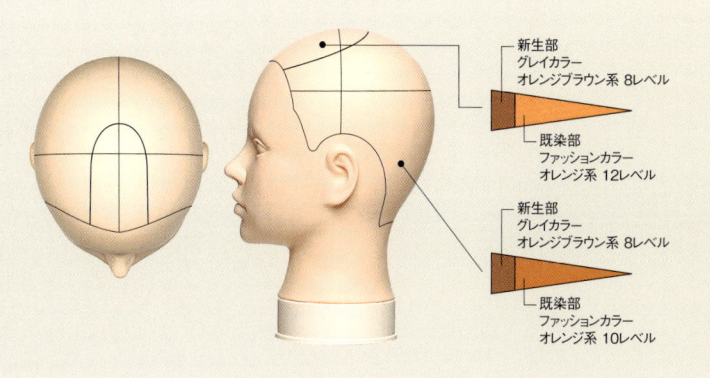

- 新生部　グレイカラー　オレンジブラウン系 8レベル
- 既染部　ファッションカラー　オレンジ系 12レベル
- 新生部　グレイカラー　オレンジブラウン系 8レベル
- 既染部　ファッションカラー　オレンジ系 10レベル

PART.2 育てた既染毛をキープする

MODEL CASE **J**

リフトしやすいが、白髪が染まりにくい髪質

DESIGN **1**

ベージュピンク系 **9** level

高明度に育った髪に、ホイルワークでツヤ感を出す。

フェイスラインの白髪はしっかりカバーしながら、透明感のあるグレイカラーを行う。完全に育っている既染部を最大限に活かして、リタッチとホイルワークのみで、色相チェンジと明度アップを行う。

cut: Akiko Takimoto　　make-up: Mie Ihara

BEFORE

▶ Next Plan
30%のグレイでも、
9レベルのグレイ剤で、
白髪をしっかりカバーできる

既染部がすっかり育ったので、白髪部分は9レベルのグレイ剤でカバーでき、暖色系も寒色系も、高明度のカラーもできる状態。色素を吸い込みやすいので「休息カラー」や「最小限カラー」を入れていく。

DESIGN 2

アッシュ
バイオレット系
9.5
level

なじんできたハイライトの明るさを活かし、ベースを柔らかいベージュ系に

今回はなじんできたハイライトの明るさを活かし、根元リタッチと既染部塗布で、全体をさらに透明感のあるベージュ系にしていく。黄味を抑えるためにバイオレットアッシュ系を選択して、彩度を上げる。

cut: Akiko Takimoto　　make-up: Mie Ihara

BEFORE

[MODEL J－1 DESIGN] 育った髪に、ツヤを出すホイルワーク

BEFORE

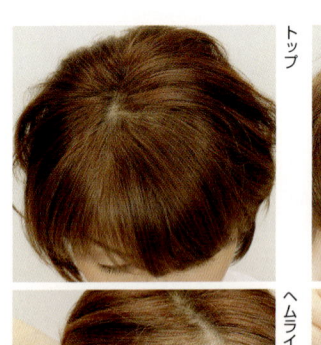

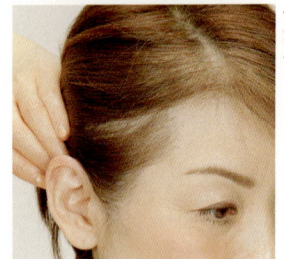

AFTER

トップ
パートの内側
ヘムライン
バックの内側

Beforeの分析
● 全体の白髪率は10〜15％。顔周りと分け目に集中し、ここは30％を超えるが、育った状態をキープし続けているので、褪色してもあまり目立たない状態になっている。軟毛で、色が入りやすく抜けやすい髪質。ややクセ毛。
● 既染部はイエローブラウン系10レベル、3か月前に入れたハイライトはイエロー系12レベルに褪色。新生毛は約3センチ。既染部が充分育っているので、これを活かす提案をしていく。

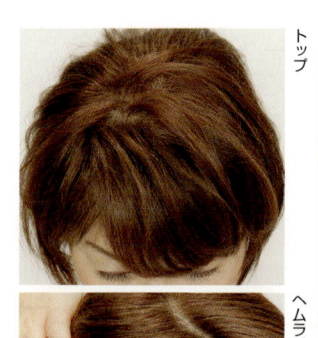

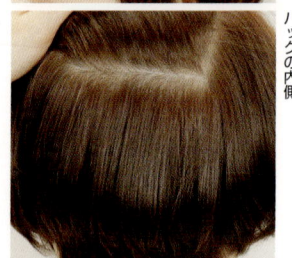

トップ
パートの内側
ヘムライン
バックの内側

今回のテクニック
● 今回はフェイスラインの白髪をしっかりカバーしながら、透明感をさらに出していきたい。ピンク系の肌色をきれいに見せるカラーデザインを選択する。
● 根元リタッチとホイルワークのみで、色相と明度を変え、立体感を作る。前回のハイライト部分に肌色に合うピンク系を乗せて、黄味を打ち消し、ツヤと明るさを感じさせる。
● ラストに行った、ファッション剤のリタッチ部分にグレイ剤を重ね塗りするテクは、既染部が充分に育った髪だけにできる上級テクニック。

施術時間
▼グレイ剤リタッチ 12分
▼ファッション剤リタッチ 8分
▼ホイルワーク 5分
▼重ね塗り 5分
▼自然放置 20分

育てた既染毛を キープする

1 根元リタッチから。グレイ剤のアッシュ系6レベル（薬剤A）で、パート際からフェイスラインをリタッチ。薬剤は多めで。

2 フロントが前に向かう毛流なので、横スライスで引き出して塗布する。ショートは生えグセに逆らうように塗布することがポイント。

3 もみあげが長い場合は、横スライスで薄く分け取って塗布。生え際は縦よりも横でチェックする。

4 フェイスライン以外の既染部は白髪が少ないので、ファッション剤のパールベージュ系11レベル（薬剤B）でリタッチ。

5 バックは白髪がほとんどないので、薬剤量は少なめに。白髪を染めるというより、黒髪をリフトする感覚で。

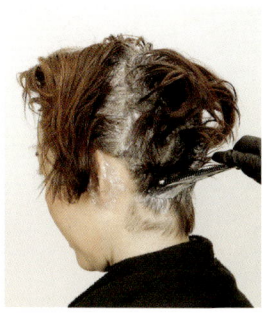

6 みつえりは白髪がないので、根元から毛先までをワンタッチで塗布。

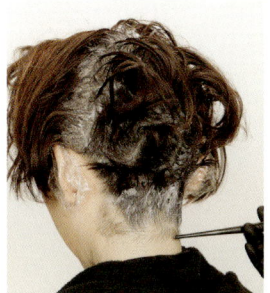

7 うぶ毛も、グレイ剤ではなくファッション剤でリタッチ。

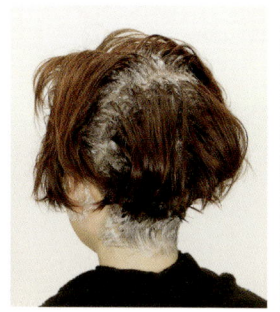

8 リタッチ終了。

9 トップからスライシングでホイル（薬剤C）を入れていく。厚さ0.5センチのスライシングで間を1センチ空け、次のパネルからは0.8センチスライスに。

10 逆サイドも同様に入れていく。

11 フロントのホイル終了。ファッション剤トナー用ピンク系8レベルでヘビーサイドに5枚、ライトサイドに3枚ホイルを入れた。

12 バックのウィービングは2：1：2のウィービングで。

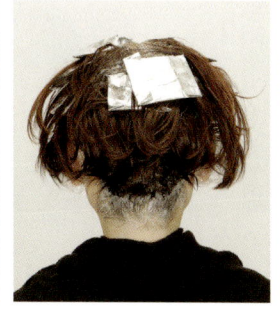

13 フロントとバックの色味のつなぎとして、2枚のホイルを入れた。

14 ハーフヘッドのみ、ファッション剤でリタッチした部分に、グレイ剤のアッシュ系6レベル（薬剤A）を重ね塗りし、気になる表面の白髪をカバーする。

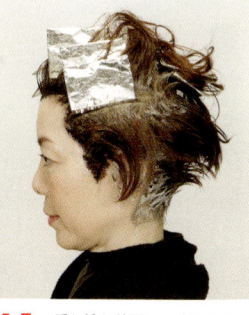

15 重ね塗り終了。一度ファッション剤でリフトした部分なので、グレイ剤を重ねても沈み過ぎることがなく、白髪をしっかりカバーできる。

薬剤データ

薬剤A…オルディーブ ボーテ　b6-cGG　オキシ6％
薬剤B…オルディーブ ベーシックトーン　11-pGG　オキシ6％
薬剤C…オルディーブ ハーフトーン8-srMP/H　オキシ3％
　　　（すべてミルボン）

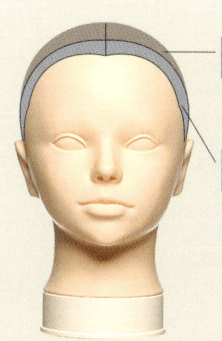

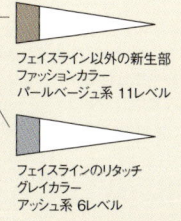

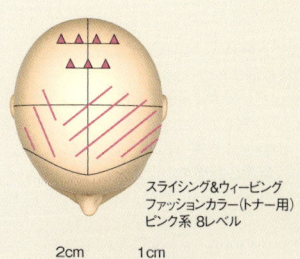

フェイスライン以外の新生部
ファッションカラー
パールベージュ系 11レベル

フェイスラインのリタッチ
グレイカラー
アッシュ系 6レベル

スライシング＆ウィービング
ファッションカラー（トナー用）
ピンク系 8レベル

[MODEL J—2 DESIGN] ## ホイル＆高明度ファッション剤で寒色系へ

BEFORE → AFTER

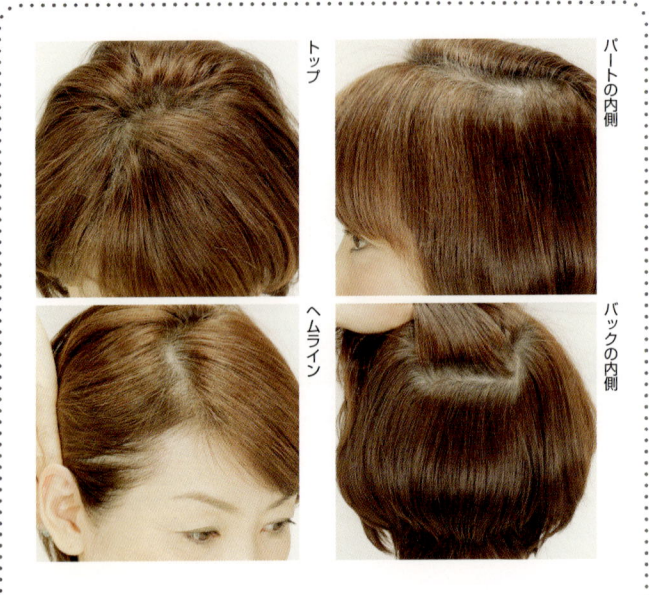

トップ ／ パートの内側 ／ ヘムライン ／ バックの内側

Beforeの分析

- 前回は育てた既染部の色味を活かし、リタッチ＋ホイルでカラーした。褪色した現在は10レベルのベージュブラウンになっている。ハイライト部分も色味がリセットして、ペールイエロー12レベルの状態。新生部は2センチ。全体の白髪率は10〜15％で、フェイスラインだけが30％と集中している。
- アンダーのレベルは充分に育ったので、これ以上、上げる必要はない。黄味を抑えたり、色調の彩度を上げる方向で考えていく。

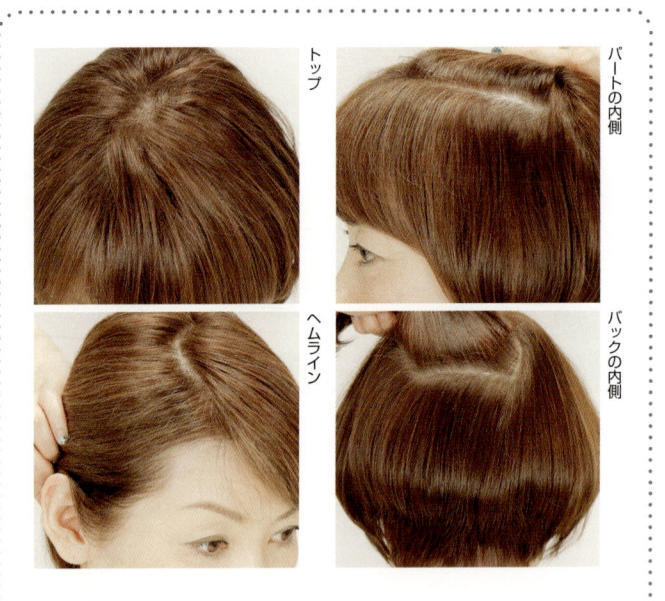

今回のテクニック

- 今回はなじんできたハイライトの明るさを活かし、根元リタッチと既染部塗布で、全体をさらに透明感のあるベージュ系にしていく。
- リタッチは高明度のグレイ剤で対応。既染部は黄身を抑えるために、紫がかったアッシュ系を選択して、明度は変えずに彩度をより鮮やかでつややかな色味にしていく。
- ショートなのでネープの塗布には特に気を使い、塗布幅をしっかり守ることが大切。

施術時間 ▼根元リタッチ 5分 ▼既染部 8分 ▼自然放置 20分

育てた既染毛を キープする

1 白髪の気になるパート際から、グレイ剤のブラウン系9レベル（薬剤A）を塗布。塗布量は多めで。

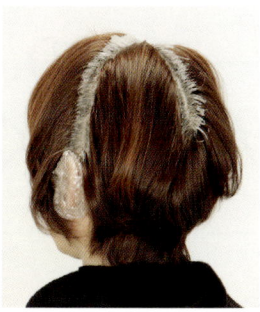

2 まずは十字に塗布するが、ショートなので、ネープは空けておく。

3 全体をリタッチしていく。塗布量は多めで、全体を均一に。

4 もみあげは長いので、ここは2分割してリタッチ。白髪率が30％を超える部分は、スライスを細かく取り、ハケの角をつかうなどして、しっかり塗布する。

5 ショートのネープはハの字セクションを取る（逆ハの字にすると、塗布幅が広がってしまいがち）。

6 ネープは毛流に逆らうように、下から上に向かって塗布していく。これがリタッチ幅を正確に保つコツ。

7 このとき、ハケも細かく移動させる。いっぺんに塗ろうとすると、リタッチ幅が広がり、新生部以外にも薬剤がつく。その結果、ネープが暗くなる。

8 逆サイドも同様に行い、根元リタッチ終了。

9 既染部にファッション剤の紫がかったアッシュ系13レベル（薬剤B）を塗布。新生部に1センチオーバーラップさせる。

10 パネルをしっかり引き上げて、毛先まで塗布していく。ハケは30〜0度。塗布量は中間から多めにしてグラデーションをつける。

11 パネルをこのように寝かせてしまうと、既染部と新生部の境目が曖昧になり、きっちり1センチ分重ね塗りすることにならない。

12 バックの耳の中間から下部分は、横スライスで、根元から重ね塗り。ネープは暗く沈みやすいため。

13 白髪のないみつえりやうぶ毛部分もファッション剤でリフトさせる。

14 塗布終了。自然放置20分。

15 トップとミドルは、根元と毛先の塗り分け、ネープは重ね塗りとなる。

薬剤データ

薬剤A…オルディーブ　ボーテ　b9-SB　オキシ6％
薬剤B…オルディーブ　ベーシックトーン　13-Mla　オキシ6％　2倍量
　　　　（すべてミルボン）

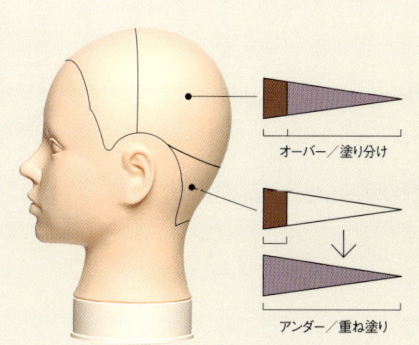

オーバー／塗り分け
新生部　グレイカラー　ブラウン系 9レベル
既染部　ファッションカラー　紫がかったアッシュ系 13レベル

アンダー／重ね塗り

PART.2
育てた既染毛を
キープする

MODEL CASE
K

高明度にキープ中の、クセ毛で色が入りにくい髪質

DESIGN
1

ベージュ
ブラウン系
7.5
level

リセットする方法で顔周りの色を楽しむ、ショートならではの提案

既染部全体が透明感のある髪に育っているので、ホイルワークの計算がしやすい状態。リセットする方法で、顔周りの色と明るさを楽しむ、ショートだからこそできるデザインを提案。

cut: Hirokazu Kobayashi
make-up: Mie Ihara

BEFORE

▶ Next Plan
次回からは
ファッションカラー同様の
色とデザインが可能に！

1か月後は明度があまり変わらず、透明感が持続。ただし新生部とのコントラストが出るので、新生部は9レベルの高明度グレイ剤で。ファッションカラー同様のデザインのバリエーションが作れる。

DESIGN 2

ベージュ
アッシュ系
9
level

育った既染部だからこそ、ファッションカラーの透明感を楽しむ

アンダーレベルが上がり、既染部のにごりが消えた状態なので、新生部、既染部共にファッションカラーで対応。色の透明感を楽しむデザイン。

cut: Hirokazu Kobayashi
make-up: Mie Ihara

BEFORE

[MODEL K－1 DESIGN] アクセントカラーで、白髪をカバーする

BEFORE → AFTER

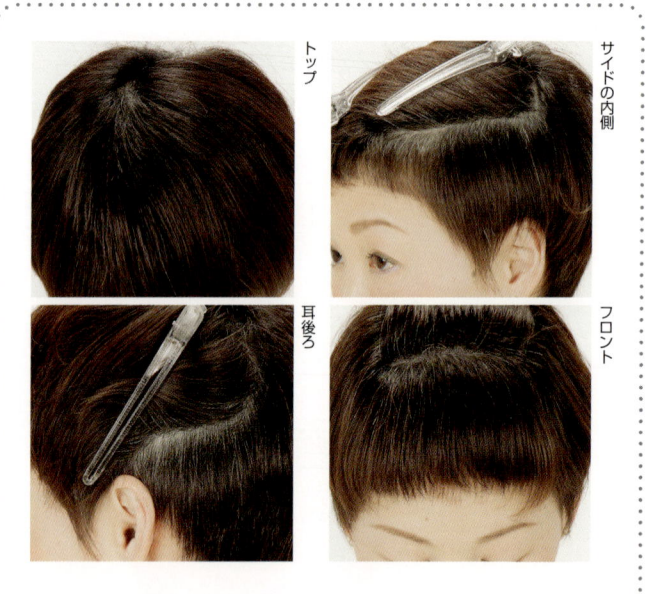

トップ／サイドの内側／耳後ろ／フロント

Beforeの分析

●髪質は量、硬さ共に普通毛。新生毛は約2.5センチで、白髪率は約15%だが、ハチ周り、顔周りは20%、つむじ周りは10%、ネープは5%。クセ毛で白髪に色が入りにくく浮きやすいので、無理に黒く塗りつぶさず、全体を明るく育てて白髪がなじむように育ててきた。今回からは、一番白髪が気になるフロントをカバーしつつデザインを楽しむ方向へシフトさせたい。現在、全体がオレンジブラウン7レベルの印象。

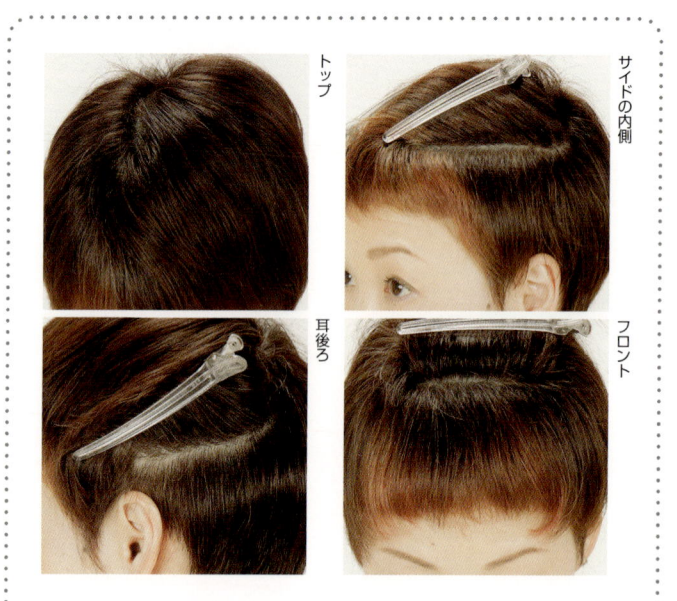

今回のテクニック

●根元を7.5レベルのグレイカラー剤でリタッチ後、フロントにハイライトを入れていく。フロントはブリーチ後、イエローやピンクなどの色を効かせて華やかさを演出するという、ショートならではのデザインを提案。顔周りを明るくすると同時に、一番白髪が目立つ部分のカバーにもなる。1か月後は全体がもう1レベルアップして、8レベルの印象になる。ハイライト部分は色素が抜けてコントラストが弱まり、よりナチュラルに変化すると予測。

施術時間　▼根元リタッチ 8分　既染部 3分　▼自然放置 20分　ハイライト 3分　▼自然放置 5分　ホイルワーク 3分　▼自然放置 10分

育てた既染毛を キープする

1 ブロッキング。根元リタッチの前に、ハイライトを入れるバングをジグザグパートで分け取っておく。

2 中間から毛先にCMC補給の前処理剤（薬剤A）を塗布。毛先にはさらに高濃度のCMC補給の前処理剤（薬剤B）を塗布して保護。

3 パートから、グレイ剤オレンジ系7.5レベル（薬剤C）でリタッチ。パネルを引き上げ、塗布量は普通量で、新生部の2.5センチ分だけに薬剤を置く。

4 ハチ周りは量をたっぷりと。ショートレイヤー系は、生えている方向に逆らうようにパネルを引き上げて塗布していくことがポイント。

5 頭の形に合わせたラウンド気味の縦スライスで、バックに向かって進み、白髪量の多い耳周りは、ハケの先端を使って厚めに置く。

6 耳周り以外のネープは、白髪量が5%と少ないので、薄く塗布。塗り残ししやすい部分なので、パネルをしっかり引き上げて塗布。

7 毛先を塗布する前に、オーバーセクションを十字に、4等分に分ける。

8 中間から毛先に、ファッションカラー剤ゴールドブラウン系9レベル（薬剤D）を塗布。

9 根元リタッチと既染部塗布が終了。ラップをせずに自然放置。塗り分けた薬剤が、余計なところにつかないように、1パネルごと離して放置する。

10 同時に、フロントをブリーチ（薬剤E）する。ヘムラインに沿って入れていく。

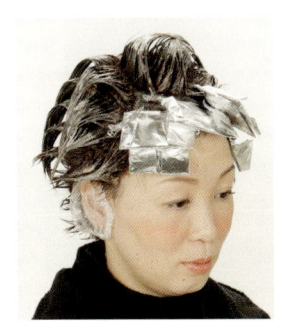

11 ヘムラインに沿って6枚ホイルを入れた。根元リタッチから30分、フロントのブリーチからは5分で流す。

12 ドライ後。ブリーチ部分は10レベルに上がっている。このブリーチ部分に、ヘアマニキュアで色をのせていく。

13 ブリーチしたフロントを横スライスで取り、1:1:1のウィービングで、ヘアマニキュアのビビッドなイエロー（薬剤F）を塗布。

14 その下には、やはりウィービングでヘアマニキュアのビビッドなピンク（薬剤G）を入れる。その後はイエローとピンクを交互に配置。

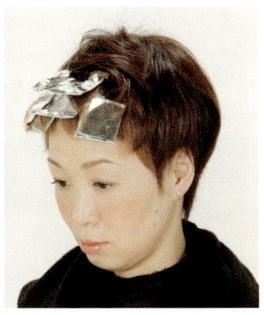

15 ⑬〜⑭の手順で、顔周りのブリーチ部分に6枚のホイルを入れた。自然放置10分。

薬剤データ

薬剤A…シェルパ コンディショニングミスト
薬剤B…シェルパ コンディショニングミルク
薬剤C…カラーストーリー iプライム Br-9GBとBr-7MdBを4:1 オキシ6%
薬剤D…カラーストーリー iプライム C-9G オキシ6%
薬剤E…ブリーチ120とカラーストーリー iプライム Ct-14LTを1:1 オキシ6% 2倍量
薬剤F…カラーストーリー オアシックL-GB
薬剤G…カラーストーリー オアシックL-SaB
（すべてアリミノ）

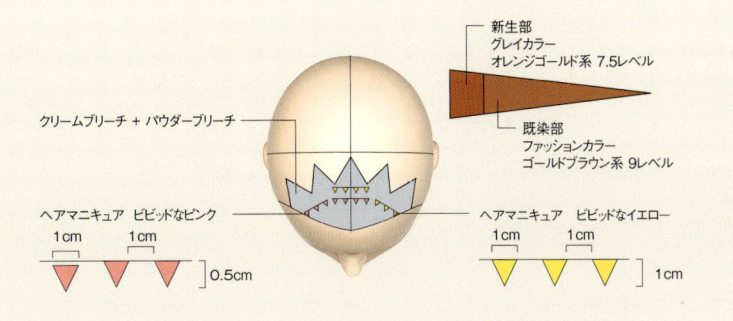

新生部 グレイカラー オレンジゴールド系 7.5レベル
既染部 ファッションカラー ゴールドブラウン系 9レベル
クリームブリーチ + パウダーブリーチ
ヘアマニキュア ビビッドなピンク　1cm 1cm 0.5cm
ヘアマニキュア ビビッドなイエロー　1cm 1cm 1cm

[MODEL　DESIGN]
K-2　ショートならではの透明感カラー

BEFORE  → **AFTER**

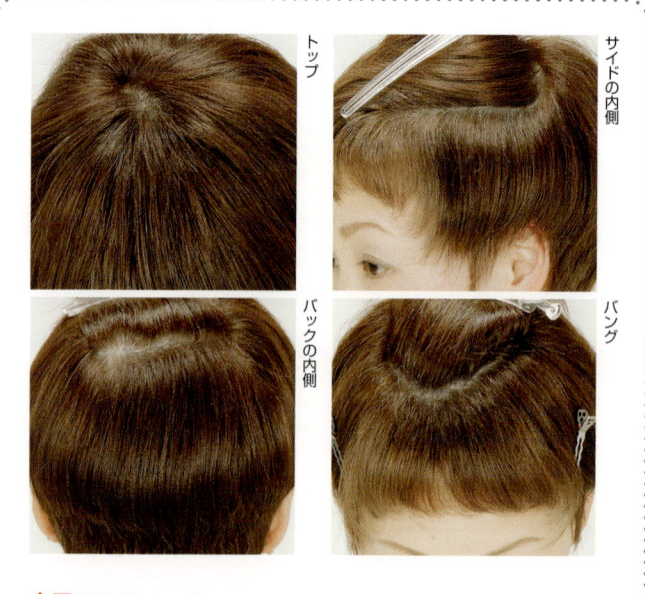

トップ／サイドの内側／バックの内側／バング

Beforeの分析
●前回は8レベルのグレイ剤で根元をリタッチ後、フロントにハイライトを入れ、その上に直接染料（マニキュアタイプ）のピンクやイエローを薄く被せて色遊びを楽しむ提案をした。1か月後、全体は8レベルのニュートラルブラウンに褪色。マニキュアタイプの染料を入れたフロントの色味は消えて、ニュートラルな状態に戻っている。新生毛は約2.0センチ。ノーパートのショートの場合は、リフトアップさせて色やデザインを楽しむ提案をしたほうが、白髪が目立ちにくい。

今回のテクニック
●既染部が育ったショートなので、既染部、新生部共に11レベルのファッション剤のマットアッシュ系でカラリング。全体が10レベルのベージュ系の印象になった。ここまで高明度になると、新生部の白髪は目立ちにくく、ショートなので、ファッション剤のみでも対応できる。髪全体に透明感が出たため、肌色も白さと明るさを増したように見え、より若々しい雰囲気になる。1か月後、全体の明度はあまり変わらず、透明感が持続していると予測。

施術時間：▼根元リタッチ 12分／ローライト 1分／▼自然放置 10分／マニキュア 2分／▼自然放置 10分

育てた既染毛を キープする

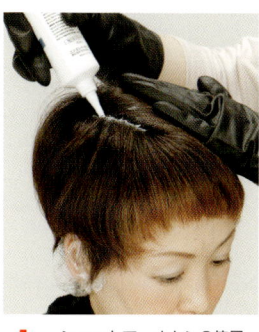

1　ショートで、オキシ2倍量でリフトさせるので、まず、地肌に保護クリーム（薬剤A）をしっかりと塗ってプロテクトしておく。

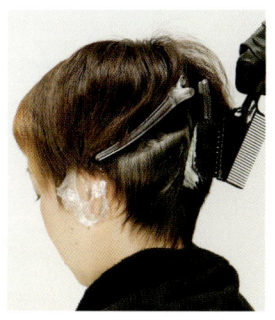

2　ファッションカラーのマットアッシュ系11レベル（薬剤B）を、根元0.5センチ空けて、ネープから塗布していく。

3　アンダーはハの字スライス。短くてパネルが引き出せないので、テールで根元を起こし、ハケを縦にして塗っていく。スライス幅は1センチ。

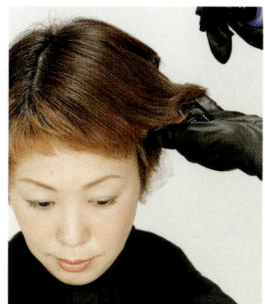

4　ミドル〜トップセクションとサイドを塗布する前に、フロントのハイライト部分を保護しておく。乾燥している毛先にCMC主体の前処理剤（薬剤C）を塗布。

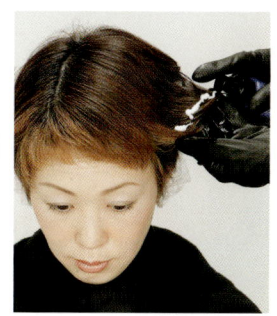

5　トップセクションの毛先を中心に、さらに濃度の高いCMC主体の前処理剤（薬剤D）をたっぷりと塗布し、もみ込んでおく。

6　バックのミドルセクションも、根元を0.5センチはずして塗布していく。やはり根元を起こして、ハケを縦にして塗っていく。

7　地肌に張りついてしまいやすい生え際は、根元をハケでしっかり引き上げながら塗ることがポイント。塗布量は毛先をやや多めに。

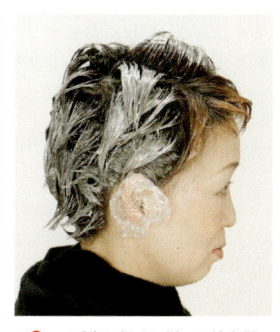

8　毛先に行くに従って塗布量をやや多めにすることで、ワンタッチでも若干のグラデーションがつく。塗布終了。自然放置10分。フロントは残す。

9　時間差10分でリタッチをスタート。ネープから既染部と同薬剤（薬剤B）で、ハケを縦にし、根元をしっかり起こしながら塗布。量は普通量。

10　次にトップの根元をリタッチ（ショートなので、塗りやすい場所からスピーディに塗布していく）。ここもハケを縦にして、根元はしっかり起こす。

11　前回のハイライト部分も同様にリタッチ。顔周りの産毛も忘れずに。ハイライトを入れた顔周りは、しっかりリフトさせないと白髪が目立つ。

12　フロントのハイライト部分以外は、すべて塗布終了。

13　最後にハイライト部分の根元から毛先までを、弱アルカリ・ファッションカラー剤（トナー用）のアッシュマット系9レベル（薬剤D）で重ね塗り。

14　まず毛先側に塗布してから根元に重ねて塗り、毛先の色味と根元の色味をなじませる。

15　塗布終了。自然放置25分後、流す。

薬剤データ

薬剤A…スティルキャップ（ロレアル プロフェッショナル）
薬剤B…オルディーブ ベーシックトーン　11-sMA
　　　　オキシ6%　2倍量（ミルボン）
薬剤C…シェルパ コンディショニングミスト（アリミノ）
薬剤D…オルディーブ ベーシックトーン　9-sMA/11
　　　　オキシ3%（ミルボン）

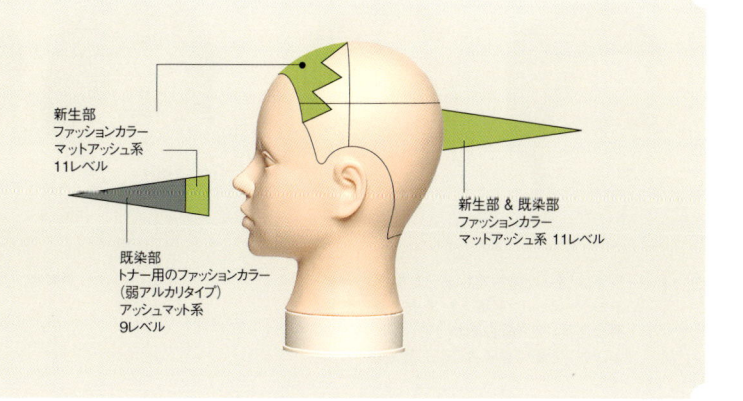

新生部
ファッションカラー
マットアッシュ系
11レベル

既染部
トナー用のファッションカラー
（弱アルカリタイプ）
アッシュマット系
9レベル

新生部 & 既染部
ファッションカラー
マットアッシュ系 11レベル

APPROACH TO CUSTOMERS

グレイカラーのお客様へのアプローチ

◉新規のお客様へのポイント

1 現在、気になっている部分の確認
●白髪だけでなく、この世代ならではの髪や頭皮の悩みもくみ取る。

2 安心していただくための、薬剤説明
●お客様にわかりやすい言葉で、使用する処理剤、カラー剤、シャンプー剤等の特性、スペック、所有時間と金額を説明。

3 信頼できるテクニック
●塗布テクニックはもちろん、すべてにおいて丁寧かつスピーディ、きれいで正確なテクニックで対応。

4 納得できる技術解説
●薬剤説明だけでなく、技術手順とその意味も伝える。テクニックへの期待も高める。

5 薬剤＆技術効果の確認
●実際に触る、注目して見てもらう、などして、手触りやツヤ感を実感していただく。

6 次回の予測説明
●褪色を予測した1〜1.5か月後の状態を説明し、次回の提案を。期待値を高める。

◉メイクリタッチの必要性

カラリング後は、生え際のメイクが落ちがち。またカラーチェンジすると、似合うメイクが変化することも。
カラー後は、メイクのリタッチをしながら、チークやリップなどをコーディネートしてさし上げるチャンスです。

1 シャンプーで落ちてしまった生え際をファンデーションを取ったスポンジで軽く押さえる。生え際に向かって、下から上に、トントンと軽く叩くようにして進む。

2 鼻のラインや頬も、スポンジで軽くたたき込む。

3 チェンジしたカラーに合わせて、新たに似合う色になったチークやリップを提案。ヘアカラーと似合うメイクの関係も説明すると喜ばれる。

> アラフィー世代のお客様は、髪の悩みが増してくる世代。新規のお客様はもちろん、長年通ってくださるお客様へも充分な配慮が必要です。悩みをくみ取り、信頼できる技術＆薬剤説明で納得していただき、常にデザインへの期待も持っていただけるアプローチをしていきましょう。

●常連のお客様へのポイント

1 現在、気になっている部分の確認
●年齢とともに、新たな悩みが生まれていることも。常連のお客様であっても毎回、必ず確認すること。

→

2 安心感を与える
●いつもと同じ悩みであっても、毎回「気になるのはここですね？しっかりカバーします」等、お客様に安心していただける言葉がけを。それから施術をスタートさせる。

→

3 技術のポイントはしっかり説明
●常連の方であっても、その日の技術の「押さえどころ」はきちんと説明。常に技術的な安心感はキープする。

4 トレンドや旬を伝える
●トレンドや薬剤、技術に関する新しい情報は、お客様にも伝えていく。

→

5 施術中も、気になる部分に注意を払う
●お客様が気にしている部分は常にこちらも把握し、確認して施術していることを、その場その場で伝えていく。

→

6 次回の「種」をまく
●1〜1.5か月後の予測と、そこから楽しめるデザイン・バリエーションなど、お客様が次回の来店を楽しみにできるような「種」をまいておく

●塗布と放置タイム中の気遣い

グレイカラーはしっかりと放置タイムを取ることが大原則ですが、この時間にお客様に不快な思いをさせないように、常に気遣いを忘れずに。

ありがちなミス

とりあえずスピード重視で塗布。パネルを一つひとつきちんと上に引き上げ塗っていない。ハケ圧や、しみていないか、などの確認を怠る。

↓

放置タイム中。お客様が雑誌などを読んでいると、パネルが下がって、額や頬にパネルが垂れてくる。首筋にくっつく。

↓

お客様は不快！

必要な気遣い

施術中から、顔周り、えりあし、もみあげ周りの肌にはつかないように注意する。ついたらすぐにふき取る。ハケ圧や、しみていないか、などの確認をする。

↓

パネルをオンベースに引き上げて塗布し、後ろに引いて重ねていく。そうすれば根元が浮いたまま、ふんわりと重なり、落ちてくることがない。ネープのパネルが下がるようならコットンをはさむ。

↓

放置タイム中も、ときどきお声がけ。スタイリストとアシスタントの連係プレーで気遣いを忘れずに。

GRAY COLOR SCALE

白髪率スケール

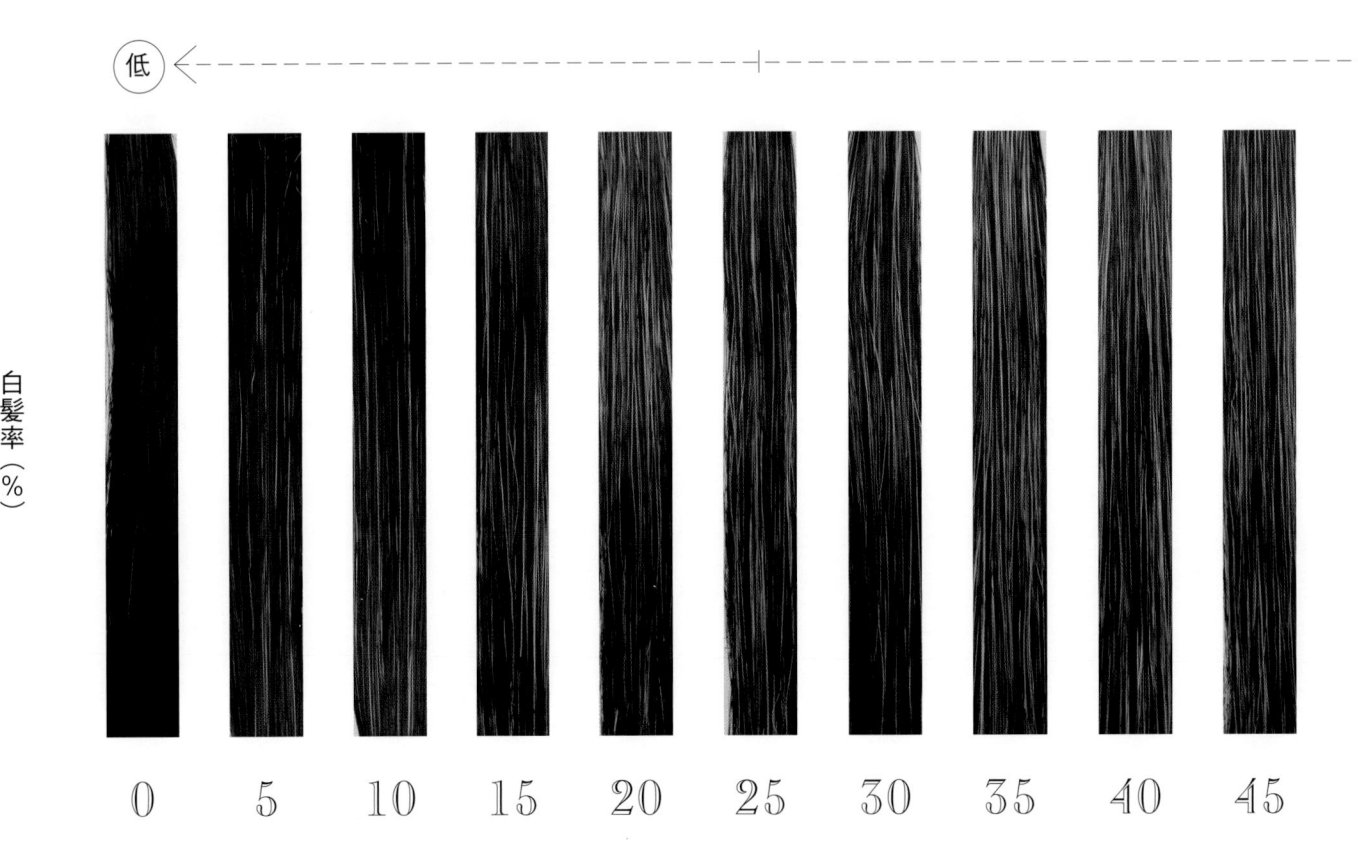

(低) ←---→

白髪率（％）

0　5　10　15　20　25　30　35　40　45

● ほとんどのグレイカラー剤は白髪率30％を基準に作られている

　30代半ばから40代前半のファーストグレイの段階では、白髪率は10％程度の人が多いのですが、40代半ば以降になると全体でも15％以上、生え際など、部分的には30％を超える人が少なくありません。ここからはグレイカラー剤でカバーする必要が出てきます。
　まず大切なことは、白髪のパーセンテージを視覚的に憶えておくことです。慣れないうちは、白髪率を10〜15％くらい多く見積もりがち。実際は20％程度なのに、それよりも多めに感じてしまうケースが多いのです。
　白髪率を正確に把握しておくことがなぜ必要かというと、グレイカラー剤の多くが白髪率30％を基準に設計されているからです。つまり30％以下の白髪率──10〜20％の場合、仕上がりのレベルは薬剤表示レベルよりも1〜2レベル下がって見えやすいし、逆に白髪率40〜50％の場合は、1〜2レベル明るく見えやすい、というわけです。白髪率を正しく把握して、求めるレベルになるように薬剤をチョイスする必要があるのです。

ここでは白髪率0〜100%までを、5%刻みの毛束で並べてあります。
アンチエイジングカラーのメインターゲットである、アラフィー世代にもっとも多い白髪率は15〜30%。
この白髪率の状態を記憶しておきましょう。

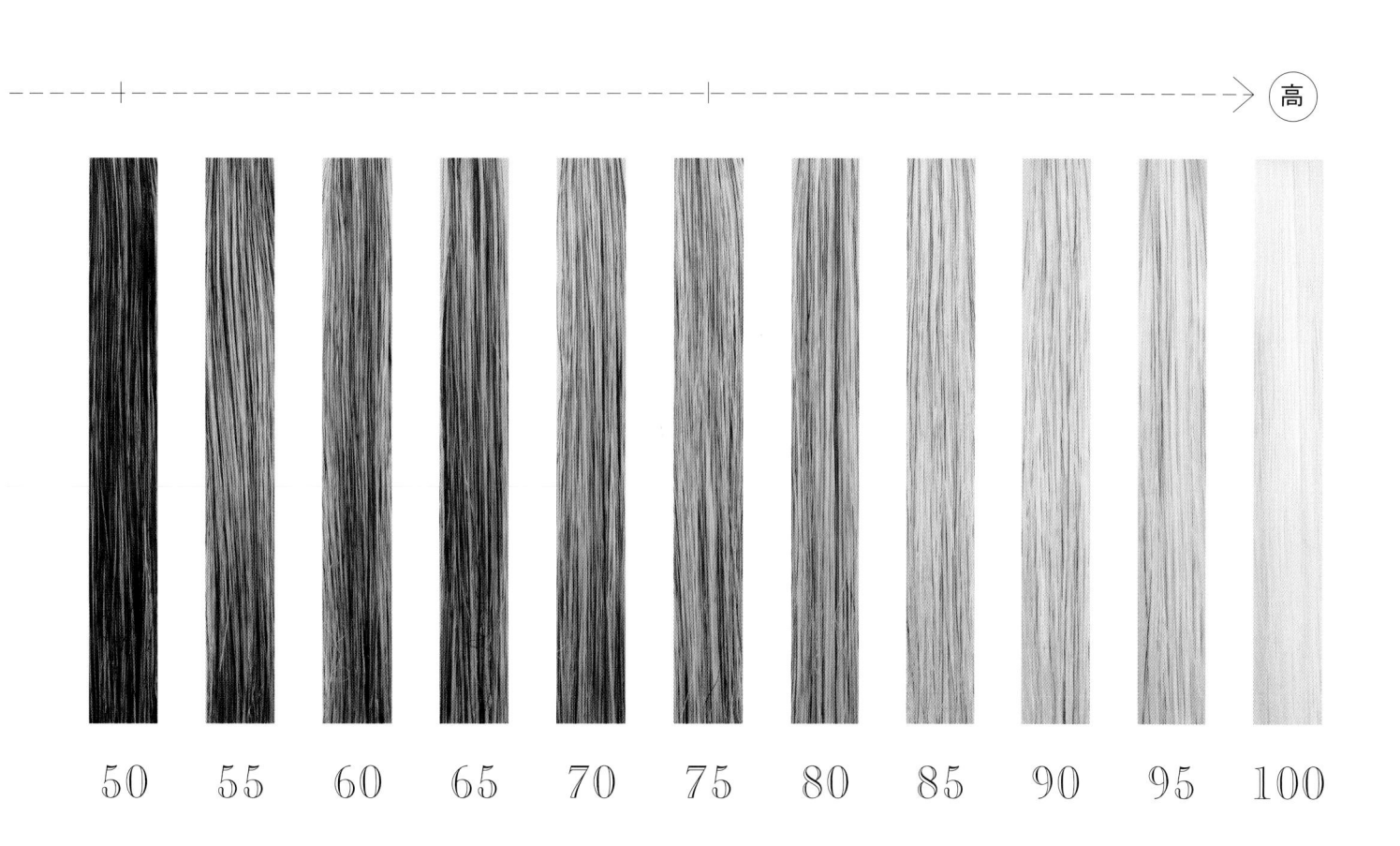

→ 高

| 50 | 55 | 60 | 65 | 70 | 75 | 80 | 85 | 90 | 95 | 100 |

●グレイカラー剤の設定ミスが多いのは、30%以下の白髪率

実は白髪率30%以上には、グレイカラー剤のレベル設定ミスは少ないのです。それは「暗くなり過ぎる」という失敗が減るため。しかし白髪率25%以下は「白髪をしっかり染める」という考え方だけでレベル設定すると、予想よりも1〜2レベル暗くなりがちです。

基本的に全体の白髪率が10%未満なら、ファッション剤だけでカバーできるし、30%以上なら中・高明度のグレイ剤のみでも明るめのグレイカラーが可能です。難しいのは、その中間である白髪率15%以上30%以下の髪なのです。アンチエイジングカラーでは、この白髪率の場合は「白髪を染めよう」と思わず「既染部の黒髪をリフトして、白髪とのコントラストを減らそう」と考えていきます。既染部にファッション剤を用いて徐々にアンダーレベルを上げていきながら、新生部を中・高明度のグレイ剤で対応できるように育てていくと、その先、白髪率が上がっていっても、既染部はファッション剤できれいな髪色を作れる状態となるのです。

MASSAGE

「瀧本流 アンチエイジングカラー」が意味するもの

グレイカラーはお客様と二人三脚で作り上げる

「瀧本流 アンチエイジングカラー」はいかがでしたでしょうか？ 新たに習得する技術が必要というより「基本テクニックを、スピーディ且つきちんと正確に行う」「薬剤の組み立て方の発想を変える」ことをしていけば、多くのお客様が望む「ファッションカラーのような明るさとツヤ、透明感のあるグレイカラー」が実現できると分かっていただけたのではないかと思います。

ただしアンチエイジングカラーは、お客様と共同作業で作り上げていくカラーです。なぜなら3～6か月かけて既染部を「育てていく」意味、その状態を今後もずっと「キープしていく」意味を、お客様が理解し、協力していただくことが必要だからです。

そもそもグレイカラーとは、一過性ではなく継続提案していくもの。美容師がプログラムを組んで、お客様と二人三脚で作り上げていくものだと思います。ですからファッションカラーよりもさらに密なコミュニケーションが必要であり、説得力のある説明と技術で、お客様との信頼関係を築きながら組み立てていくものではないでしょうか？

アラフィー女性の気持ちに沿うアプローチを

では、グレイ世代のお客様との信頼関係は、どう築いていったらいいのでしょう？

まず肝心なのは、この世代の女性たちが「もう若くないから、なんでもいいのよ」とか「いつものでいいの」「白髪は仕方ないわよね」などと言っても、けっして鵜呑みにしてはいけない、ということ。むしろ真逆を意味していると考えていいくらいです。

10～20代ならば、希望の髪型、なりたいイメージを躊躇なく話せるものですが、歳をとるに従って「この歳でそんなことを言うのは恥ずかしい」という照れや遠慮が出てきます。私もその世代になったので、とてもよく分かります。でも、女性なら幾つになっても、若く美しくありたいものですよね。そのための方法を提案してほしいし、背中を押してもらいたいのです。

だからと言って「こうすれば若々しく見えますよ」とか「5歳は若くなりますよ」などという言い方をしてはいけませんよ。特に若い男性美容師には絶対言われたくない言葉なので注意してくださいね！「すごくおしゃれだと思いますよ」「とても似合いますよ」「かわいくなりますよ」といった表現にしてみてください。たとえお客様が望んでいることがあまり良い案ではなかったとしても、無下に否定せず「それもいいですが、こちらのほうがもっと素敵ですよ。なぜなら…」と納得できる説明をしてあげてください。「エイジング」

とはこの世代の女性にとって、とても切実でデリケートな問題なのです。それを理解したうえで、お客様の気持ちに寄り添い、髪や頭皮、肌の悩みをくみ取ってあげること。アンチエイジングを叶えるカラーは、そこからスタートします。

「育てる」と「キープする」に協力してもらうには

　具体的には以下のような順番で説明していくのが、理解してもらいやすいと思います。
①今後もきれいなカラーを継続していくために、できるだけ髪に負担のない方法を選択したい。
②ホームカラーのように毎回同じカラーを繰り返すほうが髪は傷む。サロンならば毛先だけ、根元だけといったカラーが可能。そのほうがツヤや質感も向上する。
③今回のアンチエイジングカラーのプログラムを実行すると、白髪をしっかりカバーしつつ、3〜6か月後にはファッションカラーのような色や明るさを出せるようになる。
④少し明るめのナチュラルブラウンのほうが、ツヤもあり、白髪染めには見えないおしゃれな雰囲気になる。新生毛も目立ちにくい。今後もそれをずっと継続していける。

　色から提案するのではなく「髪を傷めずに、透明感のあるきれいな髪色になる。しかも白髪が目立たない」髪になるプログラムであることを、まず理解してもらうことが大切なのです。

「新しい私」への期待を生み出すカラー

　アンチエイジングカラーは、カラーした当日は、さほど明度が変化したようには見えません。なぜなら褪色を利用して、徐々に残留色素を削り、次回来店時に0.5〜1レベル上がっているように薬剤設定をしているからです。これは髪への負担を軽くするだけでなく、お客様の心理的な負担も軽くします。これまでずっとダークカラーをしてきた人は、急に明度を上げることには抵抗があるはず。でも徐々に明るくなっていくと、意外に見慣れてしまうものです。たぶん3回目くらいからは、人から「髪が明るくなってきましたね」と言われるようになり、お客様自身も自覚し始めるでしょう。そうなった時が、こちらからアプローチするタイミング。「明るくなると、白髪が生えてきても目立ちにくいと思いませんか？」「髪が軽くなると、服に合わせやすくなりますよね？」「ツヤが出てきて、髪がきれいに見えると思いませんか？」と、アンチエイジングカラーのメリットをお客さまにアピールしてください。明るくなった髪に合わせて、新しいメイクを提案するのもいいですね。そして最終的には「この髪色なら、こんなスタイルも似合いますよ」とヘアデザインの幅が広がる提案につなげていきましょう。アンチエイジングカラーとは、単に明るいグレイカラーを作るだけのメニューではありません。お客様に「この人なら、新しい私を見せてくれるかも？」という期待を持っていただけるカラーだと思います。

既染部をコントロールする
瀧本流 アンチエイジングカラー

All Hair color Design&Technique：
瀧本明貴子　Akiko Takimoto [ZA/ZA]

Make-up：
井原美恵　Mie Ihara [ZA/ZA]

Cut&Styling：土屋信也　Shinya Tsuchiya
　　　　　　瀧本明貴子　Akiko Takimoto
　　　　　　嶋田康広　Yasuhiro Shimada
　　　　　　山本貴行　Takayuki Yamamoto
　　　　　　小林広和　Hirokazu Kobayashi
　　　　　　岩崎千里　Chisato Iwasaki
　　　　　　[ZA/ZA]

Art Director：つちやかおり　Kaori Tsuchiya
Illust (Cover, P6, P58)：大山奈歩　Nao Oyama
　　　　　　　　　　　（Taiko&Associates Co,.Ltd.）
Photographer：冨田泰東　Taito Tomita (新美容出版)
Editor：佐久間豊美　Toyomi Sakuma (新美容出版)

定価　（本体3800円＋税）検印省略
2013年10月2日（第一刷発行）

著者　瀧本明貴子 [ZA/ZA]

発行者　長尾明美
発行所　新美容出版株式会社
　　　　〒106-0031 東京都港区西麻布 1-11-12
　　　編集部 TEL：03-5770-7021
　　　販売部 TEL：03-5770-1201　FAX：03-5770-1228
　　　http://www.shinbiyo.com

振替　00170-1-50321
印刷・製本　凸版印刷株式会社
ZA/ZA & SHINBIYO SHUPPAN Co.,Ltd.
Printed in Japan 2013

この本に関するご意見、ご感想、また単行本全般に対するご要望などを、
下記のメールアドレスでも受け付けております。
post9@shinbiyo.co.jp

瀧本明貴子　プロフィール
Akiko Takimoto [ZA/ZA]

（写真・中央）7月3日、北海道生まれ。短大卒業後、北海道美容専門学校に入学。卒業後『ZA/ZA』入社。1995～2000年にかけてパリ、ロンドン、ロサンゼルスなど各地の研修セミナーに毎年参加し、2005年、パリで『トニー＆ガイ』のヘアカラースクールのディプロマを取得。現在、カラーディレクターとして『ZA/ZA aoyama』勤務。サロンワークを中心に、ZA/ZAカラーチームリーダーとして全スタッフのカラー教育を担当。またセミナーやヘアショー、撮影等でも、全国各地で活躍中。豊富な薬剤知識や色彩学に加えて、女性ならではのトータルビューティーの視点を持ったカラーテクニックが高い評価を得ている。